U0734718

世界一伸びる
ストレッチ

学会拉伸
会伸
学拉

［日］中野·詹姆士·修一 著

方晓屿 译

中国友谊出版公司

身体僵硬总是无法消除，这是为什么

大家都明白拉伸运动对身体有益，
可是总会因为疼痛、没有拉伸感、
太麻烦等原因就放弃了。

"我天生身体硬！""太痛了，不想拉。"
"我试过了，可是身体没有变柔软嘛。"
"体质就是这样，拉伸不了也没办法。"
你是不是也曾这样想过？

既然有了拉伸的欲望，
中途放弃就太可惜了。
或许你只是还不知道最适合自己的
拉伸方法而已。

拉伸方法错误

　　有的人平日里会偶尔拉伸一下，但其中大部分的姿势和动作其实都是错误的。比如，本来是一个从骨盆到上半身的前屈动作，却在骨盆还保持后倾的状态下前屈上半身。再比如，本应保持动作一段时间，却草草了事，急着做下一个。有很多人只是因为拉伸方法不对，而使身体得不到舒展。

姿势不合适

　　在大家熟知的拉伸动作中，有的人明明想拉伸僵硬部位，却由于其他部位僵硬、身体习惯、旧伤等原因，导致无法拉伸的情况时有发生。遇到这种情况时，推荐你试试站姿拉伸、坐姿拉伸、用椅子辅助拉伸等方法，这能使你获得比之前更明显的拉伸感。你之前可能只是还没找到适合自己的拉伸姿势而已。

拉伸频率低

　　腹部凸显的人群如果每2～3天做一次肌肉锻炼，腹肌是无法充分被拉伸到的。即便采用最好的拉伸项目，随意做几组动作，身体柔软度也不可能达到理想状态。不过，每个人都可以通过拉伸来提升身体柔韧性，只要适当提高频率就会变得更高效。相比每个月仔细做一次全身性拉伸，每天多做几组不同种类的拉伸效果更佳。

身体僵硬无法消除的5个原因

回想起学生时代学到的拉伸方法，
或是模仿书本、杂志里看到的动作，
你是否都是"想当然地"拉伸一下？
虽然拉伸动作都比较简单易行，
但背后有很多提升效果的规则和诀窍。
"再怎么继续拉伸，身体也不会变
灵活。"你是否也有同样的想法？
有的人之所以这么想，也是有其
原因的。

原因 5

不懂规则和诀窍

如果目标对象是又粗又结实的大腿或比较僵硬的臀部肌肉，光用手臂去拉伸是没有效果的，毕竟手臂比腿更细、力量更弱。这时就要充分利用拉伸的规则和窍门，比如自身体重。光是掌握这一种方法，获得的拉伸感较过去也会有天壤之别。

原因 4

忽视身体形状

即使是长时间针对某一目标细致地拉伸，也有不少肌肉得不到充分松解。因为肌肉的形状和附着方式都是立体的，同一块肌肉也分为容易被拉伸的部位和不容易被拉伸的部位，所以拉伸时可以多做一些旋转、扭转的动作。通过一些案例能看出，单纯做平面式的拉伸动作并不能激发身体的灵活性。

让你获得最棒、
最舒适的"拉伸感"

即使拉伸目标一致，也并非所有人都会做相同的拉伸动作。

每个人的身体柔软度不尽相同，根据拉伸部位的不同，有人会感到僵硬，有人会感到舒展。

更进一步说，拉伸方向和强度不同，同一块肌肉的拉伸感也会不一样。

并且，由于受到年龄、性别、韧带、肌腱、皮肤、旧伤、生活习惯等因素的影响，每个人获得的拉伸感也各不相同。

即便如此，为了让更多人能获得更舒适的拉伸感，

本书将诸多技巧集结成"世界第一拉伸术"。

无论是身体僵硬的人、灵活的人，

还是因膝盖或腰部疼痛而不愿意拉伸的人，

为了让各种各样的人都能找到适合自己的姿势和诀窍，

让我们一起来阅读本书，寻找最佳拉伸感吧！

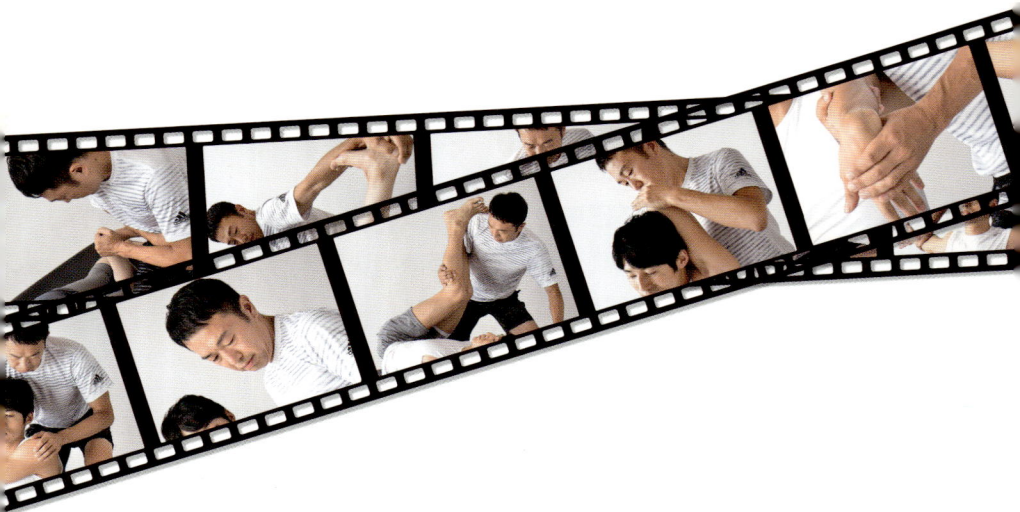

"世界第一拉伸术"
就这样诞生了

　　我从开始做教练起，至今已超过25年。近年来，大部分人都是从我过往的工作中熟悉我的，比如职业运动指导教练、大学田径部指导教练、演员和模特的形体指导，外加我执笔的几部著作。虽然从事了各种各样的工作，我的信条却不曾改变，一直是"实操性第一"。从高中生到70岁以上的高龄老人，从体型各异的运动新手到顶级运动员，不分男女，我都会尽力达成众人的期望，帮助大家塑造各自理想的身体形态。

　　在帮助大家改善形体的这一领域中，虽然我每天都能获得新信息，但还有我所不了解的事物。因此，就算后来我不再参与最前线工作，也一直持续学习运动医学、运动生理学和解剖学。而在这之后，我注意到一件事。

　　那就是从解剖学上看，理论上能获得拉伸感的拉伸动作，其实际效

果却因人而异。比如，同样是臀大肌拉伸，有的人表示非常有拉伸感，有的人却觉得完全无感。解剖学原理上本应有拉伸感的部位，有人却说完全无感，这让我觉得很不可思议。话虽如此，假若不能达到练习者的期望，我也无法安心结束训练课程。我想，可以从角度和姿势上多下点功夫。再次试过之后，此前表示没有拉伸感的练习者欣喜地向我反馈："啊，这个方法非常有拉伸感。"

可是没过几天，做了同样动作的其他练习者却表示"完全没有拉伸感"。为了验证这个情况，我找了更多的人来测试，并把测试者分成了"有拉伸感组"和"无拉伸感组"。我经过分析之后发现两组人并无共通点，考虑因素包括常规的年龄、性别、身高、体重、运动经验，此外还有温度、韧带、肌腱、皮肤、关节囊的伸缩情况，加上骨折等旧伤、日常生活等复杂因素互相影响，作用于同一个躯体。正因如此，我意识到若想组建最佳拉伸项目，100个人就需要100个不同方案。

我一直希望读者能体验到拉伸的舒适感，并习惯这种感觉。坚守着这样的信念，我在以往的著作中介绍了任何人都会有一定程度拉伸感的标配动作。而在那之后我想再进一步，把"向大家提供最佳拉伸感"的想法凝结到一本书中，于是本书就这样慢慢成形了。

书中必然会有大家试过之后觉得"拉伸感一般般"的动作，也会有"啊，这个拉伸起来很有感觉"的动作。只要找到适合自己的拉伸动作，那么它就是你的"世界第一拉伸术"。

我尽可能在书中给大家呈现自己曾教授练习者的一些只需"稍稍努

有的动作从解剖学原理来看是正确且适用的，

但试过之后也会有人觉得"没有拉伸感"。

为了能满足各类人群的需要，

本书收录了多种获得"最佳、最舒适的拉伸感"的方法。

这些方法是在无数次错误尝试之后总结而成的。

力"的方法，以及大部分练习者都能体会到拉伸感的动作。虽然有的读者在看到"世界第一拉伸术"时，可能会不禁认为自己身体这么僵硬，怕是做不到，但其实各部位最关键的拉伸动作都差不多，我只是重新编排了动作组合，以便能让读者获得更强的拉伸感，总觉得"要记住新东西太麻烦"的这类人群，也可以轻松尝试。

为了让更多的人能体会到"最佳、最舒适的拉伸感"，本书虽然介绍了形式多样的动作变化，但实际上其他拉伸方法还有很多。可如果把所有方法都收录进来的话，书的内容又太过庞杂，因此我根据不同的肌肉部位，分别让"身体僵硬的人""身体柔软的人""身体疼痛的人"在"躺在床上""站立""坐在椅子上"等不同情境下拉伸，然后严格选出了大家公认最有拉伸感的动作。同时，我还介绍了使用毛巾和靠枕辅助拉伸而获得压倒性拉伸感的动作。想必本书所提供的拉伸术，一定比大家从前所熟知的方法更能获得最佳拉伸感。

如果大家看了本书之后，再拉伸从前无感的部位或自以为已经拉伸到位的部位时，能获得"哇，居然这么舒服！"的实际拉伸体验，那我也会非常高兴。

中野·詹姆士·修一

为您提供最具拉伸感的指南

本书对于"身体僵硬的人群""膝盖或腰部疼痛的人群""想要更多拉伸感的人群"同样适用。

一同寻找只属于你的"世界第一拉伸术"

收录于本书的拉伸动作类型

作者推荐的拉伸动作
相比普通的拉伸动作，练习者能获得更强拉伸感。

同伴协助拉伸
需要教练等专业人员协助的拉伸方法示例。

简易拉伸
时常感觉目标区域肌肉僵硬的人群，也能完成的简单拉伸动作。

即便膝盖（或腰部、肩部）疼痛，也能完成的拉伸动作
膝盖、腰部、肩部有异样感的人群也能完成此类动作，不过并不能直接消除该部位的疼痛。
※ 受伤或有明显疼痛，请务必谨遵医嘱。

强化拉伸
适用人群：目标区域肌肉柔软度较高的人。

书中包含了各部位肌肉的拉伸动作，除了推荐的基本动作之外，还专门为"身体僵硬的人群""膝盖或腰部疼痛的人群""想要更多拉伸感的人群"收录了改编版动作。此外，也补充了改变姿势或使用道具辅助等各式各样的变化动作。

当然，没有拉伸障碍或疼痛的人群，无论挑战哪种动作，都没问题。不必拘泥于分类，请尽情寻找对你来说最有拉伸感的动作。

第 1 章

身体的僵硬机制和柔软机制

为什么你的身体变僵硬了

身体的僵硬机制和柔软机制

无论是过度使用还是很少使用，肌肉都会变僵硬。

"身体变僵硬的原因就是年龄增长"，如今会这么想的人不在少数。"随着年纪变大，手臂也抬不起来了""腿上的肌肉总是紧绷着，很难受"，我们也总是会听到类似这样灰心丧气的感叹。

这种情况正是对错误理念坚信不疑的实例。假如仅仅因为年龄增长，肌肉就会越发僵硬的话，岂不是所有人的每一块肌肉都会如此？但实际上，很多高龄老人的肌肉很柔软，而且我们的肌肉也都有僵硬的部位和柔软的部位。

这么说可能会让人觉得老生常谈，可是，

硬

运动量减少的确是肌肉柔软度降低的最主要原因。人们一旦忙于工作和家务，像跑动、跳跃、投掷这类动作幅度较大的运动就会相应地减少，也容易倾向于不断重复生活必需的动作。长此以往，体力下降，休息日待在家里的时间增多，运动量则日益减少。人体的肌肉需要通过运动来增强血液循环，维持原有的柔软度。然而随着运动量减少，肌肉在不知不觉间逐渐衰弱，毛细血管数量减少，血液无法输送到各处，这些肌肉就会不断萎缩或变硬。

不过反过来说，过度使用肌肉也是令其变僵硬的原因之一。

肌肉通过收缩来发力，就算是步行或维持身体姿势时肌肉也在收缩。如果在伏案工作或看电视时长时间保持同一姿势，长此以往，会给负责维持身体姿势的肌肉带来过多负荷，而负荷积累之后肌肉就会逐渐变僵硬。

即便不特意运用肌肉力量，长时间维持某个姿势也会致使肌肉僵硬，因此大幅度的动作对恢复身体柔软度有很大帮助。只要能做到高效、充分地伸展已僵硬收缩的部位，就算平时运动不足，上了年纪后身体也能保持柔软。

软

拉伸使身体变柔软的机制

你的身体正在发生这件事！

当收缩的肌肉伸展变长，柔韧性就会得到增强。

拉伸——正如它的字面意思一样，以"伸展"为特征。比如身体前屈时，双腿后侧能明显感到一下子被拉开；做全身拉伸时，手腕和身体侧面也会有同样的感受。这种情况下，究竟是什么被拉伸开了呢？

很多人会自然而然地认为被拉伸的是"肌肉"。这个答案虽然不能说是错的，但严格来讲，正确答案应该是"肌肉以及附着在肌肉之上的软组织"，即肌肉和它周围的肌腱、筋膜、韧带、关节囊等结缔组织。在拉

韧带
在关节周围、骨头与骨头之间负责连接的结缔组织，具有伸缩性。为保证连接的稳定性，它限制了关节的可动范围。

肌腱
肌肉中靠近骨头的部位，连接肌肉和骨头的结缔组织。它由不具备伸缩性的胶原蛋白组成。

筋膜
包裹肌肉、内脏的组织。假如把肌肉比喻为香肠，那么筋膜就是香肠的肠衣。

肌肉构成示意图

伸时持续做一些伸展动作，能超越往常的运动极限，扩大关节可动范围，柔软度也会相应提高。其中最重要的因素，就在于肌肉的伸展变长。

接下来，请容我讲解一些关于肌肉运作机制的专业知识。肌肉是一种叫作"肌纤维"的纤维状细胞的集合体。而肌纤维是由无数的肌原纤维组成，肌原纤维又由肌动蛋白和肌球蛋白的蛋白质组合而成的肌小节（肌节）构成。

肌小节影响着肌肉柔软度，它也被称为"肌肉收缩装置"。当控制肌肉运作的运动神经发出"收缩"的命令时，肌动蛋白就会滑入肌球蛋白之间，紧接着肌肉便会收缩；反之，肌动蛋白滑出之后，肌肉便会伸长。定期、持续地进行拉伸之后，肌小节的数量随之增多，进而使肌原纤维变得更长，因此关节可动范围就会扩大，肌肉柔软度得到增强。

顺带一提，人在运动后或洗澡时，肌肉柔软度会有所增加，但这并不是因为肌小节数量增多，只是因为这时血液循环更加流畅，从而使得柔韧性暂时提升。

关节囊
包裹关节的组织，由纤维囊和滑膜构成。滑膜内部充满了让关节灵活活动的滑液。

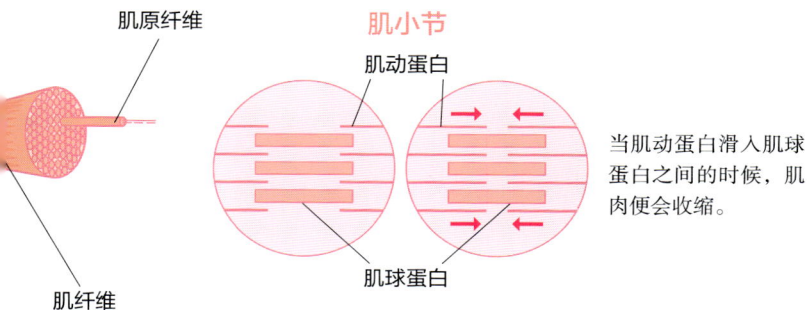

肌原纤维

肌小节

肌动蛋白

当肌动蛋白滑入肌球蛋白之间的时候，肌肉便会收缩。

肌球蛋白

肌纤维

身体僵硬的人总是挂在嘴边的

5件事

你对『身体无法变软』深信不疑吗？

1

身体僵硬是天生的？

其实，身体僵硬并非天生如此，
只要持续拉伸，一定能变柔软。

"我的身体天生如此，十分僵硬，做拉伸运动也毫无意义。"

像上述这般，有人还没开始拉伸就提前放弃了。可事实真的如此吗？

当然，有的人关节活动范围狭窄，这确实是骨骼形状、关节构造等遗传性因素导致的。但影响身体柔韧性的因素不仅限于此，运动经验、有无旧伤、生活习惯等也会造成影响。比如从幼年时期就持续参加芭蕾训练的人，其髋关节的高度灵活性很大概率会维持一辈子。而没有运动习惯的人，其关节灵活性通常都比较差。也就是说，在活动量减少、关节活动范围变窄的情况下，人只能做一些幅度较小的动作，而这一类动作不断累积之后才导致了身体僵硬。

养成拉伸习惯的人，便可以像融化冰块一样，让僵硬得嘎吱响的身体慢慢变柔软，而且这种效果是肉眼可见的。然而反过来说，即便天生肌肉柔软灵活、关节活动范围大，倘若没有积极锻炼身体、松解肌肉的习惯，身体依旧有很大可能会变得僵硬无比。

拉伸运动能使已经僵硬、紧缩的肌肉变回原本柔软、灵活的状态。甚至有观点认为，它比依靠药物疗法来缓解肌肉紧张更为有效。只要养成拉伸习惯，即便是80岁以上的高龄老人，也能保持身体柔韧性，甚至还能使身体越发柔软、灵活。

我在指导拉伸训练时，时常引用研究人员迈克尔·J. 阿尔特（Michael J. Alter）的观点。

"拉伸应该是一种使人开心并能获得满足感的运动，拉伸的时候一定要感到舒适。如果不能让人有快乐感，那它仅仅是一种让人受伤的刺激而已。"

2 不能舒服、痛快地拉伸开

拉伸时的身体形态也很重要，寻找适合自己的拉伸方法吧。

正如迈克尔所说的那样，无论怎样伸展都能感到快乐才是拉伸运动。如果在拉伸时没感到愉悦，那或许是你的方法不对。

我们常常会遇到这样的情况，比如想拉伸目标区域的肌肉，却事与愿违。这是因为采用了和自己身体不相符的姿势形态。拉伸会给人一种"朝着某个方向一门心思地伸展"的印象，然而根据肌肉的附着方式和形状的不同，有时需要花点工夫去改变拉伸方向或缓解肌肉的抵抗力，这样才能获得舒适的拉伸感。否则，目标肌肉柔软度的潜能就无法充分发挥。

现在请尝试像下图那样，在坐姿状态下使身体前屈。可以实际体验骨盆位置摆正（第9页）和偏移（第8页）时，是否有完全不同的拉伸感。除此之外，严格按照伸展方向、呼吸、时间等理论方法执行，也能获得良好的拉伸感。

本书根据拉伸部位不同，分别介绍了各式各样的拉伸方法。如果用推荐动作无法获得拉伸感，则可以尝试其他方法，寻找最适合自己的、最舒服的拉伸方法。

试着感受拉伸感的差异

坐在地板上，双腿伸直，然后前屈身体。腹部及腰部在放松的情况下前屈（如第8页图），和腰部挺直、从大腿根部开始下压前屈（如第9页图）相比，两种拉伸感完全不一样。

OK!

4 没有时间拉伸

从可以"顺便"完成的动作开始吧！

每当和别人谈论拉伸，我最常听到的话就是"最适合的频率"。和高强度的力量训练不同，拉伸不会对肌肉造成损伤，因此可以养成每天拉伸的习惯。同时，为了有效缓解重复收缩时肌肉的过度紧张，应该尽可能积极地做拉伸运动。

觉得"平时太忙，没时间做拉伸"的人，推荐选择容易融入生活节奏的拉伸动作。

比如我平时有跑步的习惯，总是在工作间隙找时间去跑步，所以很难有剩余时间慢慢做拉伸。这时我就会利用晚上的时间，比如洗澡过程中或临入睡之前的那段时间。不过即便是这样，我的习惯也算不上勤勉，只是想尽量在睡前把肌肉状态调整好。我觉得从仰卧变成俯卧太过麻烦，于是只坚持做那些躺着就能完成的拉伸动作。这可能会让人觉得明明是个教练，却还怕麻烦。洗澡时也是，水温使得肌肉升温，更容易伸展，加之水压和浮力作用，平时不容易做的动作在这时反而变简单了。

在浴缸里一边泡澡一边拉伸；坐在地板上边看电视边拉伸；在办公室的椅子上，保持坐姿就能拉伸。推荐大家从这类容易养成习惯的动作里选2～3种开始拉伸。

虽然人在自己感觉舒适的范围内进行拉伸是最有效的，不过有的人还是坚信"只有克服了痛苦，才能最大限度提升柔软度"。可是，就算是努力到"疼死了""好痛苦""呼吸都憋住了"这种程度，肌肉还是没能得到充分拉伸，反而会造成肌肉拉伤的风险。

比如做前屈拉伸，还差一点点就能摸到脚尖时，经常有人利用反作用力完成目标。虽然这样做可以一瞬间摸到脚尖，但肌肉瞬间拉长之后就会反射性缩短，然后变得紧张、僵硬。这种特性反应叫作"牵张反射"。

肌肉中有一种保护自己的传感器，叫作"肌梭"，它的作用就是把肌肉伸长、缩短的信息传递给大脑。其特征是一旦肌肉突然剧烈伸长，它就会认定肌肉快被拉断，必须向大脑传递 SOS 信号。拉伸有明显疼痛感时，肌梭就会发挥作用，向肌肉发出"缩短"指令，随后肌肉便无法再继续伸长。

这种情况对维持和提升肌肉柔韧性毫无助益，忙碌时挤出时间做这样的拉伸也没有效果。

我努力了，可是身体没有变柔软

利用反作用力的拉伸方式，反而会降低肌肉柔软度。

5

注重稳定、缓慢、舒适感，才是最高效的拉伸方法。用感觉来描述的话，即"没有强烈的痛感，却有恰到好处的拉伸感"，也就是说，拉伸到自己觉得又酸又爽的程度，便是最佳状态。

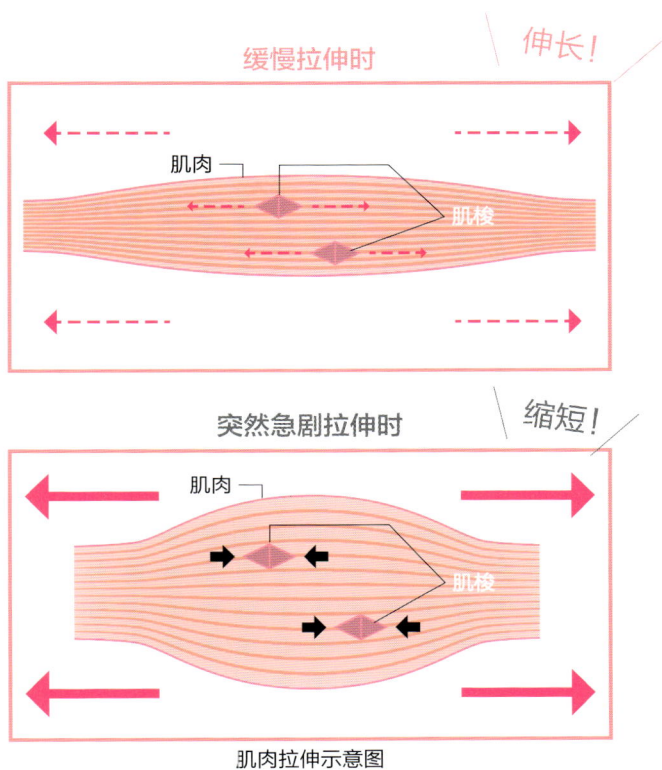

缓慢拉伸时

伸长！

肌肉

肌梭

突然急剧拉伸时

缩短！

肌肉

肌梭

肌肉拉伸示意图

筋膜

肌纤维

肌梭

根据方法和目的分类

拉伸动作的种类

事实上，拉伸也有各种各样的类型。

本书主要介绍的是提升柔韧性效果较好的"静态拉伸"。静态拉伸不会对身体造成损伤，体力较弱的人也可以完成，而且针对治疗疼痛或缓解身体不适也卓有成效。很多还没养成习惯的人，在运动前喜欢做一些静态拉伸，但其实静态拉伸不适合用于运动热身。

如果想在运动前做些热身，步行、慢跑或是运动员在赛前做的"动态拉伸"（详见第8章）相较来说更为合适。动态拉伸能使体温上升，令肌肉和关节的动作更顺畅。

接下来简单列举了一些拉伸动作供大家参考。

静态拉伸
（Static Stretching）

一边慢慢活动关节（不使用反作用力），一边伸展目标肌肉的拉伸方法，可高效扩大关节的可活动范围，提升柔韧性，消解肌肉的疲劳状态。其特征是采用的动作有适度拉伸感，且在一定时间内保持同一姿势，没有运动经验的人或体力较弱的人也能轻松完成，造成身体损伤的概率较低。不过，如果拉伸用力过度，就很可能会引起牵张反射（参见第14页），一旦拉伸到组织损伤的部位，有可能会加剧伤情。

动态拉伸
（ Dynamic Stretching，动态拉伸① ）

这是通过大幅度活动关节，反复让肌肉伸长和缩短的一种拉伸方法，兼具训练和热身的特性。这种拉伸会使与牵张反射相关的神经回路（α 运动神经元）适当兴奋，促进肌肉收缩，常用于竞技运动的热身准备中，比如田径选手就会通过骨盆一带的动态拉伸来保证髋关节的运动更加顺畅。动态拉伸能够使人增强竞技中必用部位的柔软度，调整身体状态，以便更好地参加练习或比赛。

同伴协助拉伸
（ Partners Stretching ）

找一个同伴辅助练习者拉伸，是一种被动型的静态拉伸。如果柔韧性差或碰到容易自发用力对抗的部位，自己一个人就无法做到充分拉伸。而借助同伴的力量，练习者容易放松身体，反而容易完成相应动作。过去只有运动员才会配备专业人员负责协助拉伸，但是近年新增了很多可以进行同伴协助拉伸的专业工作室，使得这种方法逐步普及并流行。

弹震拉伸
（ Ballistic Stretching，动态拉伸② ）

这是一种需要利用反作用力的拉伸方法，通常不推荐大家轻易尝试。在运动中，该方法能够快速做出应对而充分利用牵张反射，因此弹震拉伸适合作为运动员训练前的热身运动，以提升其运动表现。虽然该方法的优点是能促进血液循环、使体温上升，但也有明显的缺点，那就是反作用力加重了肌肉和肌腱的负荷，因此不推荐普通人尝试。同时它也不具备静态拉伸那种舒缓肌肉的作用。

本体感觉神经肌肉促进法
（ PNF Stretching ）

这种拉伸方法是神经肌肉系统的康复项目之一，专门为缓解因肌肉紧张、肌肉活动增加所造成的负面影响。虽然有人认为该方法对提升肌肉柔韧性也十分有效，但它需要一个精通技法的同伴帮忙完成，所以并不实用。

体温升高之后，覆盖肌肉的筋膜就会伸长

我想很多人应该都听过这种说法，即沐浴时或沐浴之后，身体容易伸展开来，正适合做拉伸运动。这种方法确实有效果。肌肉常因疲劳或运动不足而变得僵硬无比，体温上升后会变松弛，这时再做拉伸，能明显感觉到身体更容易被拉开。我本人也时常在泡澡时做拉伸运动。

体温升高后，肌肉容易伸长的主要原因在于筋膜的变化。

筋膜就好比香肠的肠衣，是一种包裹着整块肌肉的组织（参见第4页）。体温上升后筋膜的性状产生变化，变得更容易伸展开。

至于体温升高的基准，就是不一定要出汗，只要身体内部有种发热感就可以。光是淋浴没法达到这种效果，所以请尽量使用浴缸泡澡。

反过来说，体温下降时的拉伸运动有个需要注意的地方。比如起床后，体温正在下降过程中，这时如果长时间保持同一个姿势，肌肉就容易僵硬。

此时再怎么努力拉伸也拉不开，反而有可能造成肌肉和韧带损伤。

早晨拉伸时，推荐采用动态拉伸（详见第8章）。它可以放松肌肉并让身体发热，促进血液循环，令身心都产生一种清爽感。

第 2 章

"世界第一拉伸术"的
原则和诀窍

辅助拉伸道具

活用道具，拉伸感十足，简直让人忍不住想用！

每个人肌肉的附着方式、骨骼都是具有个体特性的，本书推荐的拉伸动作有时也不一定能让你获得拉伸感。这时可以坐在平衡球或床上，利用高低差来辅助拉伸，或者在动作中用上弹力带，这些都可以让你获得此前未曾体验过的最佳拉伸感。

灵活利用平衡球、泡沫轴、弹力带等道具，可以进行更加多样化的拉伸动作和训练，有兴趣的读者请自行尝试。

平衡球

主要利用高低差、自身体重辅助拉伸，也适用于想要大范围松解躯干肌肉的练习。

靠枕

想制造高低差或摆正骨盆时使用。体积越大越好，如果不够大，可以将多个叠起来使用，也可以用坐垫替代。

泡沫轴

在地板上制造些许高低差，以便利用自身体重辅助拉伸。

毛巾

长方形运动毛巾或浴巾都可以。因身体僵硬，手无法伸到目标区域时可以用它来辅助拉伸，或在矫正姿势、制造高低差等情况下使用。

弹力带

姿势正确，但依然无法拉伸目标部位时需要它作为辅助道具，通常利用弹力带的伸缩性来辅助拉伸。

第 **3** 章

颈部、背部、肩部、手臂

颈部、背部、肩部、手臂的拉伸

这些部位容易发展成长期肌肉僵硬，一起来培养空闲时间松解肌肉的习惯！

这些区域容易受体态影响。
重点松解颈部、肩胛骨一带，
可以让身体远离僵硬和疼痛。

背部肌肉横跨肩胛骨和肱骨，肩部肌肉连接着肱骨，由此人体颈部、背部、肩部、手臂四个区域的肌肉紧密相连，互相影响。

斜方肌和背阔肌覆盖着整个背部，一旦这些肌肉僵硬，便容易导致现代人的颈部、背部、肩部僵硬和酸痛，以及腰痛、体态恶化等问题，因此肌肉拉伸十分必要。比如，伏案工作的人，由于长时间身体前倾，斜方肌容易过度紧张，持续收缩。这会致使血液循环受阻，引发肌肉僵硬和酸痛。这片肌群中斜方肌尤为特殊，斜方肌上束附着在颈部背面，斜方肌中束覆盖了肩胛骨，两者和身体各个部位的酸痛相关。压力会导致斜方肌上束僵硬，这已经是不争的事实。即便是频繁使用后背和肩部肌肉的顶级游泳选手，赛前由于紧张产生的压力也会引发肌肉僵硬。

三角肌覆盖着整个肩关节，每天坚持做俯卧撑的人，推荐多拉伸这一区域的肌肉。特别是胸大肌较弱的人群，做俯卧撑时三角肌容易用力过度，运动后的僵硬尤为明显。而频繁使用电脑工作的人群，或是平日喜欢凭借手腕力量运动的人群，则推荐多拉伸并按摩肱桡肌。虽然肱二头肌、肱三头肌一般很难变僵硬，不过如果你伸展这些部位能感到舒适的话，也推荐平时养成好习惯，多拉伸这些部位的肌肉。

背阔肌和手臂肌肉的柔韧性提升之后，活动范围将随之增加，对球拍运动中的技巧表现也会大有裨益。

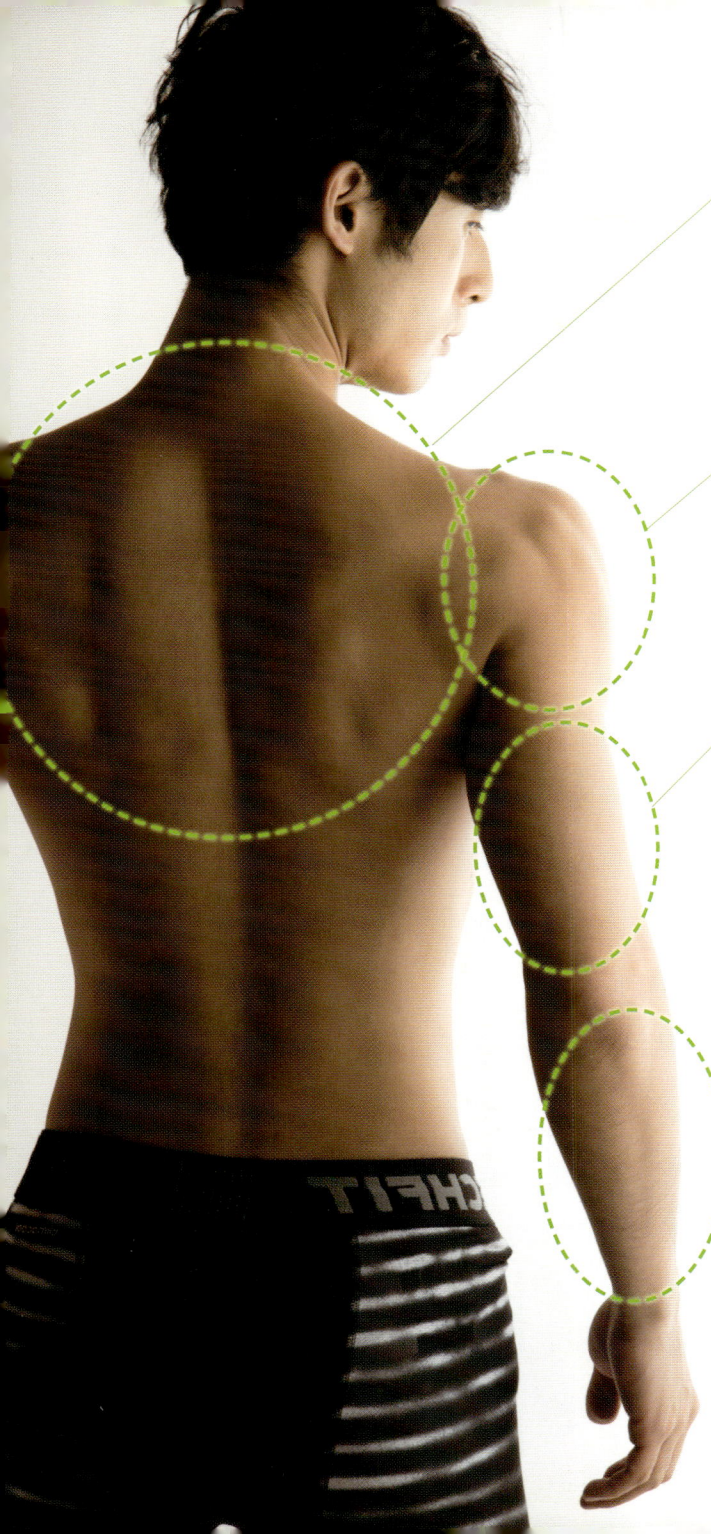

目标
斜方肌上束
斜方肌中束
背阔肌

目标
三角肌

目标
肱二头肌
肱三头肌

目标
肱桡肌

颈部、背部拉伸

目标区域
斜方肌上束

斜方肌上束是起于头后下方，覆盖颈部背面，连接肩部的肌肉。一旦僵硬，人就会感到颈部酸痛。由于容易受压力影响，可以选择工作时间在座位上就能完成的动作。

预备动作

找一个有靠背的椅子，紧贴靠背坐下，挺直背部。

要点

手背朝前，然后抓住椅子。

常规拉伸方式

直接用手把头部朝一侧横向拉伸。

1 抓住椅子

单手伸到背后，手背朝前，抓住另一侧的椅背。

错误案例

头部横拉时，肩膀不能抬起

头部朝一侧拉伸时，如果另一侧肩膀抬起，就无法充分拉伸斜方肌上束。

斜后方视角

颈部、背部拉伸 变化动作

要点
握住椅背的这只手，要让肩膀完全下沉。

要点
上半身保持固定。

保持该姿势 **30秒** 左右

2 用手扶住头部
另一只手伸到头部对侧，辅助头部拉伸。

3 向斜前方拉伸头部
一边吐气，一边用手顺势向斜前方拉伸头部，然后保持该姿势。

37

腰痛也能完成

手掌扶住头部后方

双手伸到头部后方，手掌相叠，轻轻扶住头。

2

1

双腿打开，坐到椅子上

轻轻坐到椅子上，双腿朝左右两侧打开，这样可以保证坐姿稳定。

颈部、背部拉伸
变化动作

easy **简易拉伸**

身体仰卧，手臂自然下落

仰卧在床上，或其他距离地面有一定高度的地方，手臂在床边自然下落，掌心朝向脚。另一只手扶住头部，然后朝反方向拉伸。

**肩膀
疼痛也能
完成**

保持
该姿势
30 秒
左右

正坐于地面，低头，将
一条毛巾挂在头部后方，
双手握住毛巾两端。一
边吐气，一边将头向正
下方伸展，然后保持该
姿势。肩膀放松，手臂
重量自然地加在毛巾上
即可。

头部前倾

一边吐气，一边把头部向正下方拉伸，
然后保持该姿势。肩膀放松，手臂重
量自然地加在头部，这样就可以轻松
完成拉伸。

3

保持
该姿势
30 秒
左右

同伴协助拉伸
partners stretch

同伴固定住练习者一侧肩膀，
将头朝反方向下压。固定肩
膀可以让颈部得到充分拉伸。

背部拉伸 ①

目标区域

斜方肌中束

斜方肌中束是覆盖肩胛骨的肌肉。采用联动肩胛骨的动作，可以更高效地拉伸该部位。驼背人群的斜方肌中束时常处于紧张状态，更容易变得僵硬。也可通过肩胛骨的动态拉伸动作（详见第155页）来松解该部位。

预备动作

盘腿坐下。

1 手腕内旋，抓住固定物

一只手向前伸出，手腕内旋，手掌向外，抓住桌脚等固定物。调整坐姿，保持手肘不弯曲。

扭转
twist

常规拉伸方式

双手放到胸前，手指自然交叉。肩胛骨朝两侧打开，同时身体前倾。

错误案例

手腕没有内旋

在手腕没有内旋、手掌朝向身体内侧的情况下抓握固定物，拉伸效果会降低。

背部拉伸
变化动作

斜后方视角

2 背部拱起，腰部向后伸展

慢慢吐气的同时拱起背部，使腰部向后伸展，然后保持该姿势，头部自然下压。由于需要依靠体重来辅助腰部伸展，所以抓握的固定物必须足够稳固。

要点
背部拱起能加强拉伸感。

manipulate
自重
body weight

保持该姿势 **30** 秒 **左右**

腰
痛也能
完成

1

坐到椅子边缘

在椅子边缘坐下，双腿尽量
向两侧打开。

手腕扭转，双手
手掌相合

双手向前伸直，手掌相合，手腕
向内扭转。

2

扭转
twist

背部拉伸❶
变化动作

hard **强化拉伸**

利用全身体重来
伸展腰部

手臂向前伸直，手腕内旋，
抓住稳固的棍状物体。一
边慢慢吐气，一边下屈背
部，腰部同时用力向后伸
展，然后保持该姿势。

膝盖或腰部疼痛也能完成

同伴协助拉伸
partners stretch

同伴用双手拉住练习者的小臂，练习者沿着同伴的手肘方向向其靠近，然后保持该姿势。练习者用另一只手扶住凳子，以稳固身体。

保持该姿势
30
秒 左右

坐在椅子边缘，双腿尽量向两侧打开。小臂外侧放到对侧的大腿上，一边吐气，一边把肩膀朝地面方向拉近，下压过程中手肘不要弯曲。

3

manipulate
自重
body weight

上半身前屈

慢慢吐气的同时身体前屈，弯曲背部（从颈部到整个背部），然后保持该姿势。将手臂的重量一同加到背部拉伸中，这样会更加轻松。

保持该姿势
30
秒

背部拉伸②

目标区域

背阔肌

背阔肌是人体最大的肌肉，从背部延伸到腰部。一旦背阔肌僵硬，就会导致背部肌肉紧张、疲劳，从而引发驼背、手臂抬举困难等问题。伸展时加入扭转动作，便能使拉伸更高效。

预备动作

盘腿而坐。

常规拉伸方式
单手从头部上方伸展，身体向另一只手的方向侧屈。

1 在头部上方抓住手腕

双臂抬至头部上方，单手抓住另一侧的手腕。被握手的手腕翻转，使手掌面向正前方。

背部拉伸
变化动作

错误案例

臀部悬空

用力拉动手腕之后，臀部随之抬离地面。臀部悬空会导致目标肌肉得不到充分拉伸。

扭转
twist

要点

拉动手腕的同时，身体两侧坐骨紧贴地面，以此来保证臀部不会悬空。

保持
该姿势
30
秒　左右

背面视角

2　拉动手腕，上半身朝斜前方侧屈

一边吐气，一边朝上方拉动手腕，同时使上半身朝斜前方侧屈。此时要稳定住下半身，臀部不能离开地面。

膝盖疼痛也能完成

1

双手握住毛巾两端

准备一条长度超过肩宽的毛巾。站直身体，在体前握住毛巾两端。然后双脚打开，保持与肩或髋同宽。

背部拉伸❷
变化动作

2

把毛巾举到头顶上方

双手伸直，举到头顶上方，该过程中毛巾不要松弛。

腰痛也能完成

easy 简易拉伸

保持该姿势 **30** 秒 左右

在较高位置握住棍棒类物体，拉伸背部

找到一个固定不动的棍棒类物体，在其斜后方盘腿而坐。远离棍棒的那只手伸到高于头部的位置，然后手腕内旋，握住棍棒，保持该姿势。

保持该姿势 **30** 秒 左右

面对墙壁站好，一只手放到和胸部持平的地方，另一只手在头部上方伸直，双手手掌贴住墙面。一边吐气，上半身一边斜前方侧屈，然后保持该姿势。双手手掌贴着墙面，可以固定身体，以便更轻松地拉伸。

扭转
twist

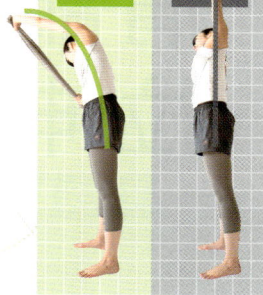

正确　错误

上半身不要径直朝侧面下压

从身体侧面向下压，拉伸的是体侧的肌肉。只有朝斜前方侧屈时，才能正确拉伸到目标肌肉。

要点

上半身侧屈时，如果腰部随着一起移动，目标肌肉就得不到拉伸。请务必保证下半身稳固不动。

保持该姿势 **30** 秒 左右

3

上半身朝斜前方侧屈

慢慢吐气的同时，把上半身朝着斜前方侧屈，然后保持该姿势。

同伴协助拉伸
partners stretch

练习者的一侧臀部紧贴着座位，同伴帮忙将其臀部固定住，然后再拉伸练习者同侧手臂，仿佛要把手臂和臀部分开一样。

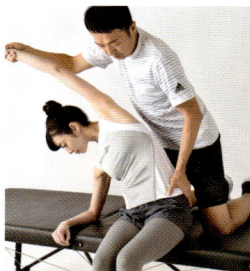

hand **强化拉伸**

臀部紧贴地面，上半身向斜前方前屈

在地板上跪坐，臀腿之间稍微向一边错开，以确保臀部一侧可以接触地面。双手握住毛巾两端，举高至头顶上方，然后一边吐气，上半身一边朝斜前方（和紧贴地面的臀部方向相反）侧屈，并保持该姿势。

manipulate
自重
body weight

保持该姿势 **30** 秒 左右

肩部和手臂拉伸❷

肱二头肌

肱二头肌是位于大臂前侧的肌肉。平时做出用手吃东西等动作时，肱二头肌就会发挥作用。因为日常生活中少有负荷，所以这部分肌肉不容易僵硬。在进行网球或其他使用手臂力量的球拍运动之后，要多拉伸这一部位。

预备动作

在地板上正坐。

常规拉伸方式

一只手向前伸直，指尖朝下，用另一只手把朝下的手指向胸前拉近。

错误案例

未把重心放在手臂上

手掌撑地时，手臂远离身体的话，重心就无法前移（体重无法施加到手臂上），肱二头肌也得不到充分拉伸。

保持
该姿势
30
秒

面对墙壁站立，手臂向
前伸直，指尖朝下，双
手掌心撑住墙面。可以
把体重施加到手上。

正面视角

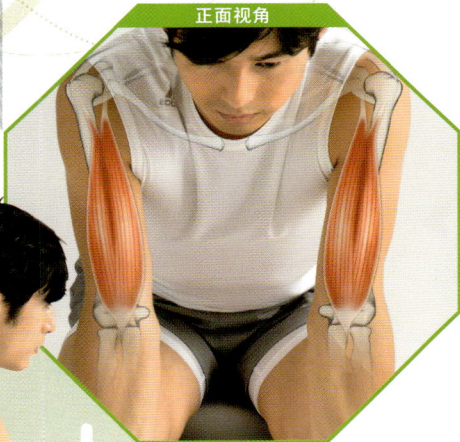

manipulate
自重
body weight

保持
该姿势
30
秒

双手手掌撑地，
把体重施加到手上

双手手掌撑地，指尖朝向自己。然
后一边吐气，一边把身体重量逐渐
施加到手臂上，并保持该姿势。

同伴协助拉伸
partners stretch

同伴固定住练习者的上
半身，使其不要向后倒。
将练习者的手臂内侧旋
转至朝外，然后向身体
后方拉伸。

肩部和手臂拉伸 ③

预备动作

在面前放一把椅子，于地面正坐。

单手手肘撑在椅子上

身体前倾，单手手肘撑在椅子上。另一只手撑在地面上，以支撑身体。

1

常规拉伸方式

手肘抬至正上方，另一只手抓住该手肘，然后将其向头部拉近。

正确　错误

手放在肩膀外侧

手搭在肩膀外侧即可，
如果太靠近内侧，就无
法拉伸到肱三头肌。

肩部和手臂拉伸
变化动作

2

手肘尽量弯曲

撑在椅子上的手肘要尽量弯曲，
直到手指触碰肩膀外侧，这样
能更好地拉伸肱三头肌。

要点

把自身体重施加在肩
膀上，以使肱三头肌
更有拉伸感。

mani pulate
自重
body weight

保持
该姿势
30
秒

左右
3
个
方向

3

身体充分下沉，低于座椅的高度

慢慢吐气的同时，上半身尽量
下沉（如果条件允许，请下沉
到和臀部同一高度）。手肘分
别拉伸大臂内侧、正面、外侧
这3个方向，然后保持该姿势。

朝3个方向拉伸

肱三头肌 大臂内侧 ｜ 肱三头肌 大臂正面 ｜ 肱三头肌 大臂外侧

膝盖或腰部疼痛也能完成

预备动作

面对墙壁直立。

肩部和手臂拉伸❸
变化动作

手肘上抬，抵住墙壁

单手向上伸直，手肘弯曲后抵住墙面，手指放在肩膀后方。然后，对侧的脚向前迈出一步。

1

hard 强化拉伸①

双手手肘撑住地面

双手手肘撑住地面，手指放到肩膀后方。然后一边吐气，一边尽量把身体下沉。

保持该姿势 **30**秒

保持该姿势 **30**秒

manipulate
自重
body weight

双手手肘撑在椅子上

双手手肘撑到椅子上，手指放到肩膀后方。然后一边吐气，一边尽量把身体下沉。

强化拉伸②

hard

双手手肘撑住墙壁

双手手肘抬起撑在墙上，手指放到肩膀后方。然后一边吐气，一边逐渐把体重压上去，并保持该姿势。

保持该姿势 **30** 秒

manipulate 自重 *body weight*

把体重施加到手肘上

一边吐气，一边逐渐把体重施加到撑着墙壁的手臂上，然后保持该姿势。

2

manipulate 自重 *body weight*

保持该姿势 **30** 秒 左右

同伴协助拉伸

partners stretch

单手伸直，从头部上方弯曲手肘到后背，让同伴扶住手肘，然后朝头部方向拉伸该手臂。

手臂拉伸

目标区域

肱桡肌

肱桡肌是连接大臂和手腕的肌肉，影响着手腕、手指的动作。常用电脑工作、使用手腕较多的人，以及常打网球的人，建议多注意保养肱桡肌。一部分拉伸动作要用到椅子，可以在工作间隙多多练习。

预备动作

在地面正坐。

手背撑住地面 1

调整为身体前倾姿势，双手在身体前方伸直，然后用手背撑住地面。

常规拉伸方式

单手朝前伸直，手背朝外，掌心朝向自己。然后用另一只手将其拉向身体。

easy ## 简易拉伸

正坐姿势，一只手臂在身体前方伸直，用手背撑住地面。一边吐气，一边把自身体重加到该手臂上。

保持该姿势 **30** 秒 左右

正确　错误

manipulate
自重
body weight

保持
该姿势
30
秒

2

把体重施加到双手上

一边吐气，一边抬起臀部，把身体重心逐渐转移到双手。

要点

双手手肘弯曲则没有拉伸效果，所以做该动作时要一直保持手肘伸直。

膝盖或腰部疼痛也能完成

保持
该姿势
30
秒

坐在椅子边缘，双手伸直，手背朝下，撑在座位上。一边吐气，一边把体重施加到手背上。

同伴协助拉伸
partners stretch

练习者的手臂向前伸直。同伴一只手撑住该手臂下方，另一只手握住该手掌，使手背朝前，然后将手腕朝练习者的身体方向弯曲。

"拉伸减肥"的真相

"只做拉伸运动是无法瘦下来的。"我每次
接受采访时，都会提到这一观点。

由于拉伸运动不受运动经验影响，即便是上了年纪、体力
不足的人也能很快开始，方便易行的特点也正是其魅力所在。相对
地，拉伸运动的热量消耗却很少，只比人在静处时的消耗略高，大概只有
散步消耗量的一半。拉伸半小时所消耗的热量有40～50卡路里（相当于2颗
糖球），这样的消耗速度想瘦下来是很难的。

那么，养成拉伸习惯对想减肥的人来说是无用功吗？

实际上，并不能一概而论。

坚持拉伸会增进肌肉柔软度，促进人体血液循环。这会带来很多好处，包
括身体更容易活动，减缓酸痛、僵硬以及疲劳不容易累积等。身体有了变化
之后，你平时走起路来就没那么痛苦，爬楼梯或慢跑也不会容易累，日常生
活中的活动能力就会自然而然有所提升。等你意识到的时候，已经从"好累
啊""身体好沉"的死循环中脱离出来，甚至有很多人还养成了步行上下班、
步行购物的习惯。

即便不能期待拉伸运动具备燃烧脂肪的效果，但它可以让
你变得难以发胖，进而慢慢瘦下去。若是你周围有人声称
"靠拉伸运动就变瘦了"，或许就是柔韧性提升而
使得运动量自然而然增加的成果。

第 4 章

胸部、腹部、腰部

胸部、腹部、腰部的拉伸

细致谨慎地拉伸背部和胸部，
便可提前预防体态恶化和腰酸背痛。

随着年龄的增长，胸部肌肉容易僵硬，
不仅如此，光是维持体态就容易令腰部酸痛，
让我们好好松解这两个部位的肌肉吧！

这几个区域的肌肉，主要和维持体态及腰痛相关。

某些部位的肌肉随着年龄增长容易变僵硬，胸大肌尤其明显。胸大肌一旦僵硬，肩膀容易向前突出，进而变成含胸。为了预防体态恶化、腰痛等问题，请务必多多松解这一部位。拉伸胸大肌时，还可以同时拉伸关联肩胛骨的深层肌肉和胸小肌。

位于脊柱两侧的竖脊肌，在拉伸时不容易产生感觉。虽说抱住双膝的拉伸动作看上去都差不多，但这类动作更加依赖拉伸时机，练习时可以追求更强的拉伸感。另外，布满全身的神经是以椎骨间隙为起点的，一旦竖脊肌挛缩、骨头受到压迫，神经也会因受到刺激而引发疼痛。正确拉伸竖脊肌可以减缓神经压迫和疼痛感。

有不少人拉伸背部时会出现疼痛感，但腹部和背部不同，我很少接到"想要按摩缓解腹部僵硬和酸痛"的委托。不过这也很正常，覆盖腹部前方的腹直肌原本就是柔软度极高的肌肉，如无必要，不需刻意拉伸。不过即便如此，有腹肌训练习惯的人时常拉伸这一部位肌肉也会获益颇多。在伏案工作之余做做腹斜肌肌群的拉伸，可以缓解上半身和肩部紧张，获得舒爽的快感。

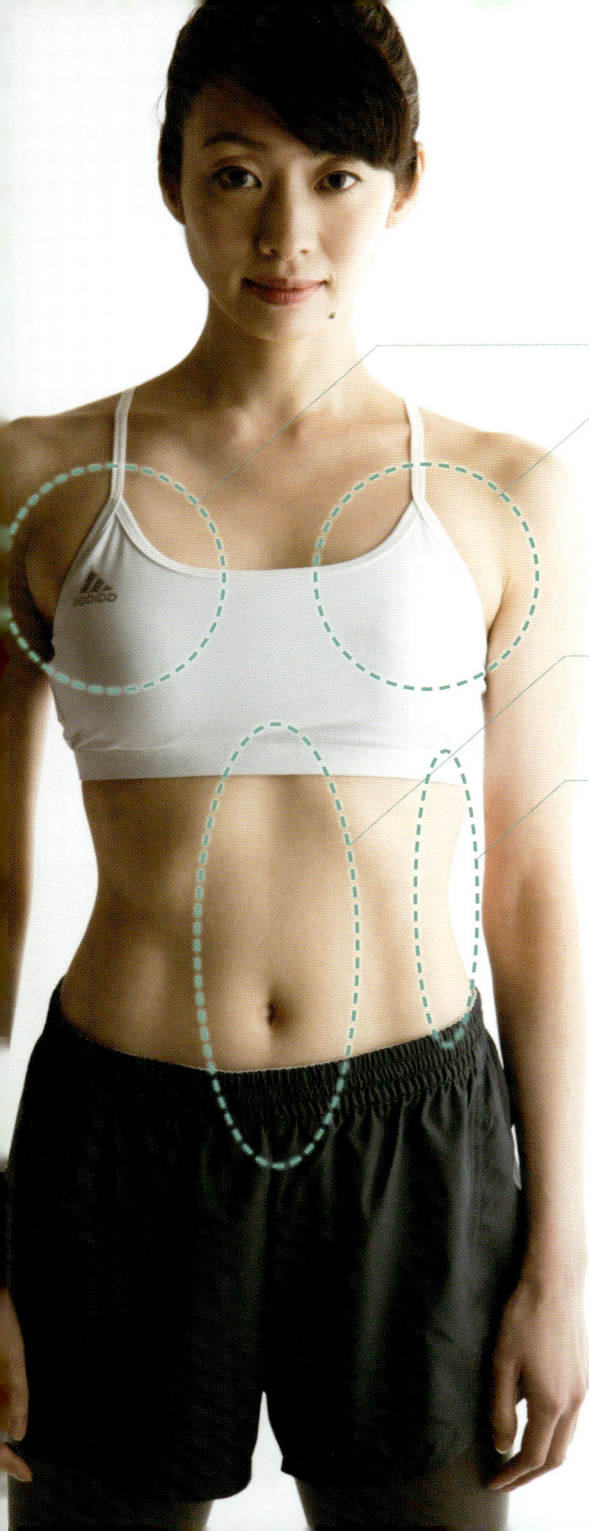

目标
胸大肌

目标
腹直肌

目标
腹斜肌肌群

目标
竖脊肌

63

胸部拉伸

胸大肌

胸大肌是位于前胸的肌肉，在抱东西、做俯卧撑（从地面撑起来）时发挥作用。它会随着年龄增长而衰弱，一旦僵硬，便会导致体态恶化。由于该肌肉面积较大，通常会通过上、中、下3个方向来拉伸。

预备动作

在墙壁旁边直立。

常规拉伸方式
双臂在身后伸直，手指交握。一边想象着后背两块肩胛骨相互靠近的感觉，一边抬起双臂。

1

单手抬高，扶住墙面

靠近墙壁的那只手从身体侧后方朝斜上方抬起，用掌心扶住墙面。

2

掌心扶住胸口

用另一只手的掌心扶住靠近墙壁一侧的胸口。

胸部拉伸
变化动作

扭转
twist

朝3个方向拉伸

胸大肌
中束

胸大肌
下束

3

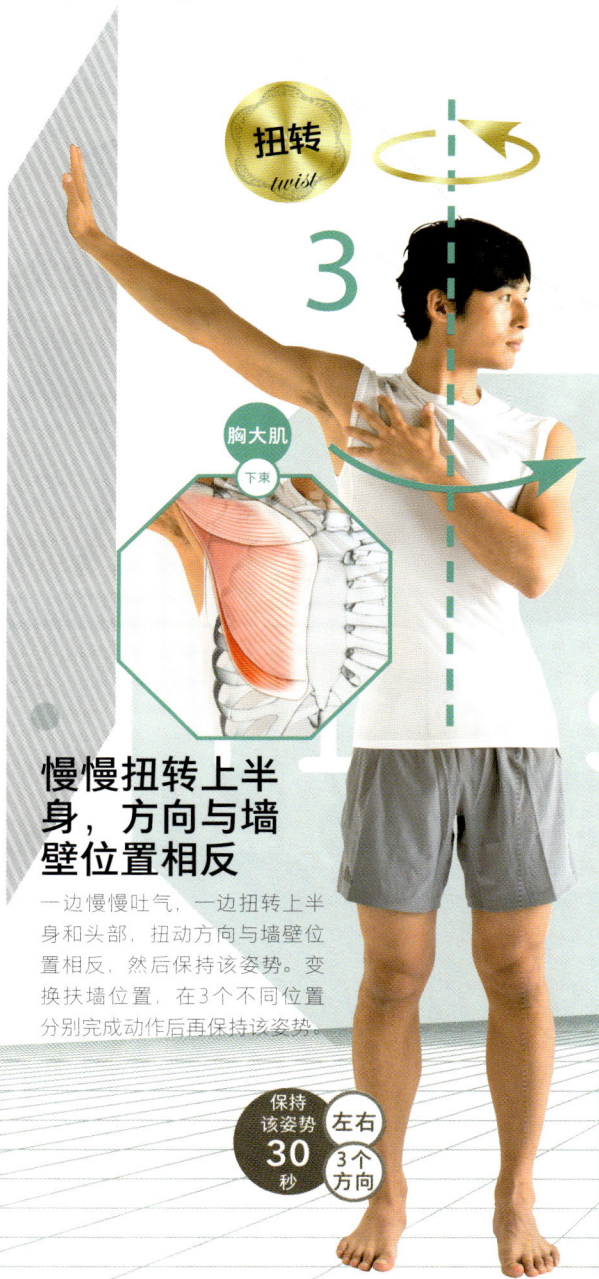

慢慢扭转上半身，方向与墙壁位置相反

一边慢慢吐气，一边扭转上半身和头部，扭动方向与墙壁位置相反，然后保持该姿势。变换扶墙位置，在3个不同位置分别完成动作后再保持该姿势。

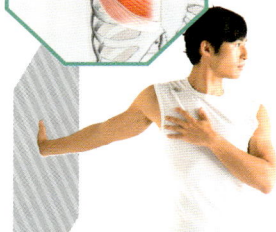

接下来，扶住墙的手臂变换到和肩膀同一高度，指尖朝后。上半身和头部同时扭转之后保持该姿势。

胸大肌
上束

保持该姿势
30秒

左右
3个方向

最后，手的位置移至和腰部同一高度，指尖朝下。上半身和头部同时扭转之后保持该姿势。

腹部拉伸①

腹直肌

腹直肌位于腹部正面，在做腹式呼吸和联动全身的动作时，可以加强其拉伸感。身体后弯反向拉伸腹部时，一部分人会感到腰痛，那么就应避免拉伸这一区域。而若在身体前屈时伴有腰痛，反向拉伸腹部反而能缓解腰痛。

预备动作

摆好俯卧姿势。

常规拉伸方式

摆好俯卧姿势，抬起上半身，腰部以下贴紧地面。

1

前臂撑地，略微抬起上半身

一边吐气，一边稍微抬起上半身，然后调整姿势，使手肘位于肩膀正下方。

腹部拉伸
变化动作

错误案例

腰部过度抬起

手肘伸直，上半身过度抬起，
会加重腰部负担。

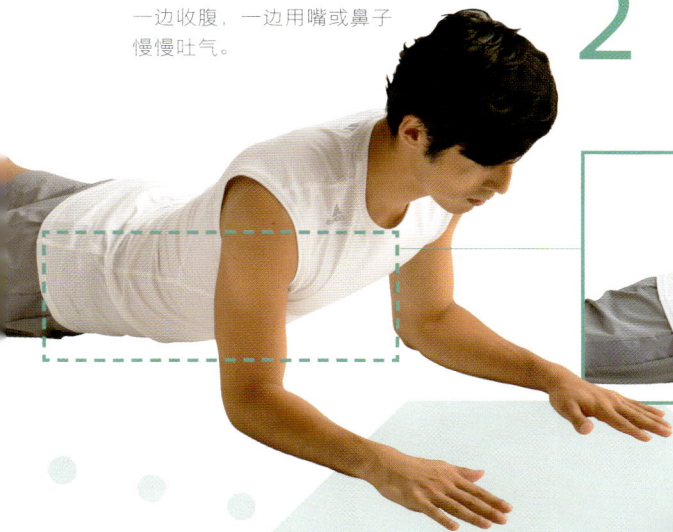

收腹吐气

一边收腹，一边用嘴或鼻子
慢慢吐气。

2

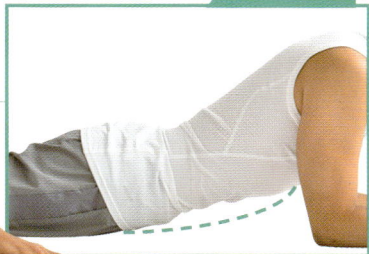

侧面视角

3

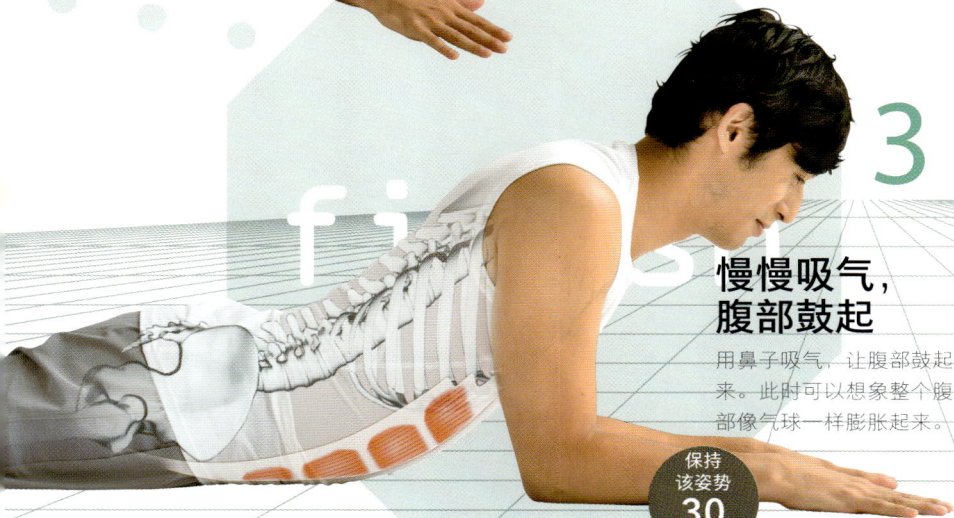

慢慢吸气，腹部鼓起

用鼻子吸气，让腹部鼓起
来。此时可以想象整个腹
部像气球一样膨胀起来。

保持
该姿势
30
秒

hard强化拉伸①

向前踏出一步，腰部完全下沉

单脚向前迈出一大步，后方腿的膝盖保持微微贴地即可，然后下沉腰部。

1

预备动作

身体直立。

腹部拉伸❶
变化动作

保持该姿势 **30** 秒

manipulate **自重** body weight

hard 强化拉伸②

仰躺在平衡球上

从腰部到背部都躺到平衡球上，四肢尽量向四周伸展开，然后深呼吸。

腰 痛也能 完成

侧面视角

保持 该姿势 **30** 秒

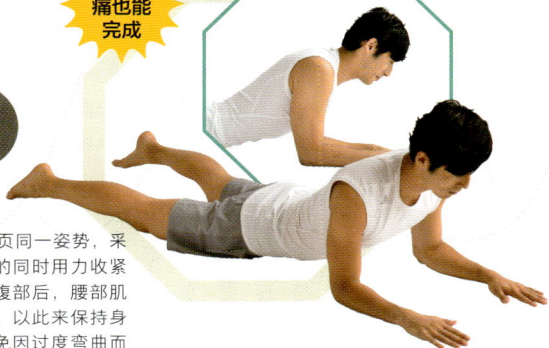

先摆好第69页同一姿势，采用胸式呼吸的同时用力收紧腹部。收紧腹部后，腰部肌肉就会发力，以此来保持身体稳定，避免因过度弯曲而引发腰部疼痛。

2 双臂伸直，从身体正前方上举

慢慢吐气的同时，双臂从身体正前方向上举高。这时腰可以稍微向前顶，身体重心前移，从而反向拉伸腰部。

保持 该姿势 **30** 秒 左右

manipulate 自重 *body weight*

双臂上举之后，腹直肌自然会得到拉伸，与此同时，还能拉伸到髂腰肌，真是一石二鸟！

71

腹部拉伸②

目标区域
体侧、腹斜肌肌群

实际上并不存在体侧肌这种肌肉，拉伸的其实是背阔肌和腹斜肌肌群（包括腹内斜肌和腹外斜肌）。通过拉伸，你可以缓解上半身的疲劳感。

预备动作

在地板上正坐，双手握住毛巾两端。

1

臀部横向滑动

臀部向左侧或右侧横向滑动，贴住地面。

常规拉伸方式
双臂伸至头顶上方，然后上半身侧屈。

背面视角

要点
臀部一侧要接触到地面。

easy 简易拉伸

不使用毛巾，直接侧屈上半身

臀部一侧滑动到接触地面，然后同侧手臂抬高到头顶位置。慢慢吐气，身体朝另一方向侧屈，并保持该姿势。

腹部拉伸 变化动作

侧面视角

manipulate
自重
body weight

保持该姿势 **30**秒 左右

2 双臂于头部上方伸直

双臂于头部上方伸直，调整双手间距，距离需要超过肩宽，然后放松双肩。

3 吐气同时侧屈身体

慢慢吐气，上半身朝另一方向（和贴住地面的臀部相反）侧屈，并保持该姿势。

膝盖疼痛也能完成

双臂在左右两侧伸直

掌心面向前方，双臂于左右两侧伸直。

1

预备动作

坐在椅子上，双腿尽量朝两侧大幅打开。

腹部拉伸❷
变化动作

腰痛也能完成

面对墙壁站立。双手在头顶上方伸直，然后撑住墙面。一边吐气，一边侧屈身体，之后保持该姿势。

保持该姿势 **30** 秒 左右

hard 强化拉伸

侧躺在平衡球上

侧躺在平衡球上，此时上方手臂伸直，然后放松。下方手臂和双脚撑住地面，以固定身体，然后保持该姿势。

自重

保持该姿势 **30** 秒 左右

easy
简易拉伸

手放到头部后方，身体侧屈

坐在椅子上，一只手自然下垂，另一只手的掌心扶住头部后方。一边吐气，一边朝着下垂手臂的方向侧屈身体。

保持该姿势 **30** 秒 左右

同伴协助拉伸
partners stretch

一只手在头部后方弯曲，同伴压住该手手肘和同侧骨盆辅助伸展，以防止腰部翘起。

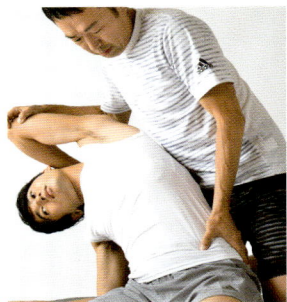

2

上半身侧屈，手臂朝正上方伸展

慢慢吐气的同时侧屈上半身。视线随着手指一起往上走，手臂抬升至与地面垂直，然后保持该姿势。

保持该姿势 **30** 秒 左右

腰部拉伸

竖脊肌

竖脊肌是位于脊柱两侧、纵向延伸的大块肌肉，光是维持体态就会造成负荷，僵硬之后容易导致体态恶化。在拉伸时应施加自重，即使是这种大面积肌肉，也可以得到充分伸展。

身体倚靠平衡球

屈膝跪地。平衡球放在身体前方，下腹部倚靠平衡球。

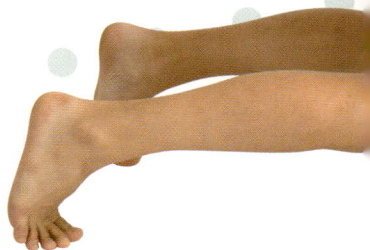

1

扭转 *twist*

保持该姿势 **30** 秒 左右

常规拉伸方式
仰卧在地面上，把膝盖朝胸口拉近。

1 **2**

坐在平衡球上，转身回头看

坐在平衡球上，一边吐气一边转身回头看。视线自然地向后看，然后保持该姿势。转身时腰部以下要固定不动。

错误案例

上半身没有完全压住球面

只将胸部靠在平衡球上，竖脊肌便无法得到拉伸。

腰部拉伸
变化动作

manipulate
自重
body weight

压在球面上，身体放松

把球往前滚一点，直至肚脐对准球体中心，然后压到球面上。四肢先撑住地面，身体稳定后再放松腰部力量，然后保持该姿势。

保持该姿势 **30** 秒

强化拉伸

hard

在平衡球上把身体摆成弓形

身体压在球面上，四肢撑地，然后把身体弯曲成弓形，并保持该姿势。

保持该姿势 **30** 秒

简易拉伸

easy

从正坐姿势前屈，放松身体

在地面上正坐，然后身体前屈，直至头部接触地面。双臂伸到身体后方，接着放松全身力量，并保持该姿势。

保持该姿势 **30** 秒

扭转
twist

保持该姿势 **30** 秒 左右

背面视角

腰部拉伸
变化动作

同伴协助拉伸
partners stretch

摆好仰卧姿势，练习者固定住上半身，然后同伴朝一侧同时拉伸其双腿。

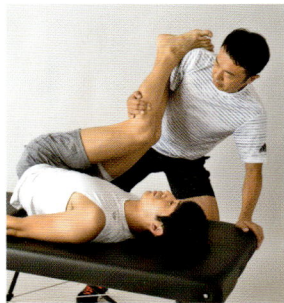

腰痛也能完成

1

坐到椅子上，大腿上放几个靠枕

在椅子边缘坐下，大腿上放几个靠枕。

2

吐气的同时前屈

一边吐气，一边前屈上半身。小臂伸到大腿后侧，互相交叉握住。背部自然弯曲，然后保持该姿势。

保持该姿势 30 秒

第 **5** 章

臀部、髋关节一带

臀部、髋关节一带的拉伸

**稳定骨盆，
让身体不容易疲劳。**

影响身体的根基是骨盆和髋关节。
平日里有走路或慢跑习惯的人群，
特别建议重点拉伸这几个部位。

　　臀部和髋关节可以说是人体的根基，两者周围的肌肉都影响着它们的稳定功能和动作功能。维持这一区域肌肉的柔软度，是保证身体健康的关键。

　　臀大肌是臀部最为强劲的肌肉，在走路、跑动时，它可以吸收从地面传来的冲击力。若疏于维护，疲劳感就会容易积聚。一旦臀大肌僵硬，便容易引发腰痛等问题。因此，尤其是有散步或跑步习惯的人群，一定要积极拉伸臀部和髋关节一带的肌肉。拉伸过程中，建议顺便拉伸一下臀中肌。

　　另外，臀部僵硬的人群中，很大一部分人的腘绳肌也很僵硬，请务必多花点心思拉伸臀部肌肉和腘绳肌。

　　反过来说，很少有机会活动髋关节的人群（即没有散步习惯的人群，或长时间坐着工作的人群），相应部位的肌肉也容易变僵硬。推荐这类人群多拉伸臀大肌和髂腰肌（髂肌和腰大肌的总称）。两者一旦僵硬，便难以消解日常生活带来的疲劳，长此以往，连活动身体都提不起劲来。这不仅会降低身体柔韧性，还容易导致发胖，因此希望大家积极拉伸。从结果来看，拉伸髂腰肌还能改善并预防骨盆后倾。

　　髋关节外旋肌群包括闭孔内肌、闭孔外肌、股方肌、上孖肌、下孖肌、梨状肌。其中，梨状肌若变僵硬，会压迫到坐骨神经，进而引起腰痛等问题。请务必保证这一部位的肌肉足够灵活。

目标
臀大肌
臀中肌

目标
髋关节外旋肌群
髂腰肌

膝盖
疼痛也能
完成

单腿放到对侧大腿上

一条腿的脚踝放到另一条腿的大腿（膝盖附近）上。

1

预备动作

臀部完全坐到椅子上。

腹部拉伸❶
变化动作

简易拉伸

身体靠墙前屈

背对墙壁站立，小腿放到另一条腿的大腿上。想象坐到椅子上的感觉，臀部紧贴墙壁，然后下沉腰部，一边吐气一边前屈上半身，并保持该姿势。

保持
该姿势
30
秒 左右

自重
body weight

单腿放在椅子上，身体前屈

在体前放一把椅子，一只脚放到椅面上，膝盖朝侧面打开，手放到该膝盖上。然后一边吐气，一边前屈上半身，保持该姿势。

保持
该姿势
30
秒 左右

自重
body weight

双手从搭在膝盖上的腿下方穿过，抱住小腿

双手从搭在膝盖上那条腿的下方穿过，抱住该腿的脚踝和小腿肚。

2

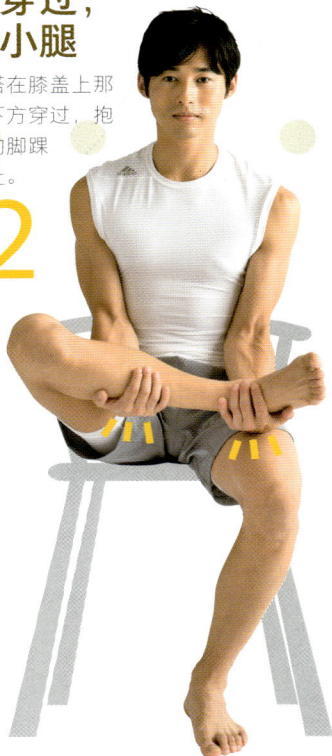

把脚朝身体方向拉近

一边吐气，一边把抱着的小腿向身体拉近，然后保持该姿势。背部全程保持挺直。

3

保持该姿势 **30** 秒 左右

---

hard **强化拉伸**

坐在地板上，把腿拉向身体

盘腿而坐，双手从一条腿下方穿过，然后一边吐气，一边将其拉向身体，并保持该姿势。注意拉近过程中背部不要弯曲。

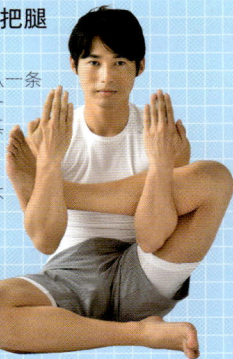

保持该姿势 **30** 秒 左右

同伴协助拉伸

partners stretch

仰卧，同伴把练习者的一条腿朝上半身向下压，一边向下压一边弯曲膝盖，尽量压到靠近上半身的程度。

臀部拉伸②

臀大肌

臀大肌是位于臀部的一块非常大且厚的肌肉。它在步行和跑步时吸收地面传来的冲击力，稳定骨盆，是人体十分重要的肌肉之一。

预备动作

双膝跪地。

向前迈出一步

上半身前屈，双手撑住地面。单腿向前迈出，小腿保持和双肩平行，脚尖朝对侧手臂的方向延伸。

1

常规拉伸方式

仰卧，一腿脚踝放到另一条腿的大腿上，双手抱住下方大腿并朝身体方向拉近。

上方视角

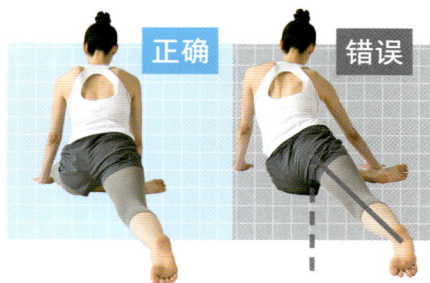

正确　错误

臀部拉伸
变化动作

腰部保持和地面平行
骨盆不能倾斜。臀部一侧稍微翘起也没关系，但骨盆左右两侧必须保持与地面平行。

下沉腰部

2

后方的腿向后延伸，腰部深深下沉，臀部尽可能贴近地面。

保持前倾姿势

一边吐气，一边前倾上半身。臀部（和后伸腿同侧）有了拉伸感之后，就保持该姿势。

3

mani palate
自重
body weight

保持
该姿势
30
秒 左右

膝盖疼痛也能完成

脚踝放到对侧大腿上

抬起一条腿，将脚踝放到另一条腿的大腿上（膝盖向上一带）。手放到上方的腿上。

1

预备动作

在椅子上坐实。

臀部拉伸②
变化动作

---

hard 强化拉伸①

手臂向前伸直，加深前屈

先做完臀部拉伸②的姿势，然后双手向前伸直，进一步加深上半身的前屈，并保持该姿势；还可以在小臂下面放个泡沫轴或其他物体，增加高度，从而获得更强的拉伸感。

manipulate 自重 *body weight*

保持该姿势 **30** 秒 左右

强化拉伸②

单腿压在椅子上，重心前移

找一把稳定的椅子，单腿放在椅子上。双手抓稳，着地的腿向后方延伸，同时让腰部尽量下沉，然后保持该姿势。

保持该姿势 **30** 秒 左右

manipulate 自重 body weight

吐气的同时前屈上半身

一边吐气，一边前屈上半身。前屈的同时注意背部不要弯曲，腰部保持舒展。

保持该姿势 **30** 秒 左右

简易拉伸

站姿前屈

单脚放到另一条腿的膝盖上方，抓住前方稳固的物体，弯曲膝盖的同时前屈上半身。

保持该姿势 **30** 秒 左右

89

髋关节一带拉伸

跨过另一条腿

屈膝的一条腿跨过另一条腿，并将脚放在膝盖外侧。

预备动作

盘腿而坐。

2

1

常规拉伸方式

平时很少有人拉伸这一部位，若有读者看到适合的动作，请务必联系作者。

单腿屈膝

扭转上半身

背部挺直，慢慢吐气，上半身朝跨立
那条腿的侧后方扭转。随着该腿在胸
前被拉近，眼睛随之向侧后方看去，
然后保持该姿势。

髋关节一带拉伸
变化动作

3

保持
该姿势
30
秒 左右

扭转
twist

侧面视角

要点
手臂放在膝盖附近，把
大腿尽量朝胸口拉近。

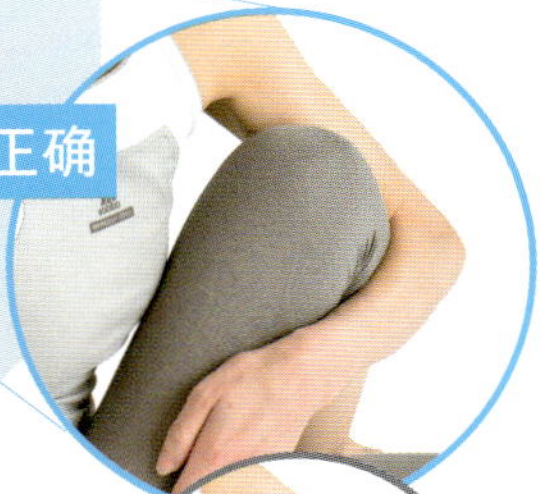

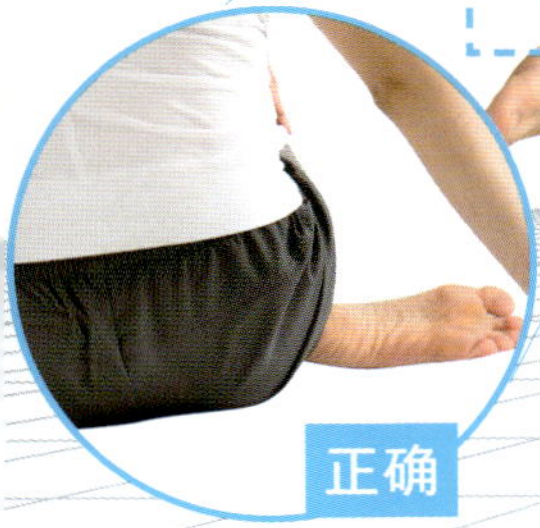

正确

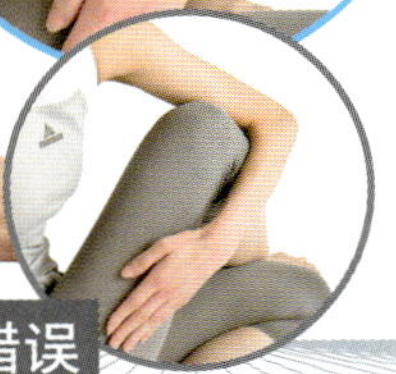

正确

错误

要点
扭转上半身时，臀部
要始终贴紧地面。

错误
臀部一侧悬空
扭转上半身时，如果臀
部随之一起离开地面，
就无法拉伸髋关节外旋
肌群。

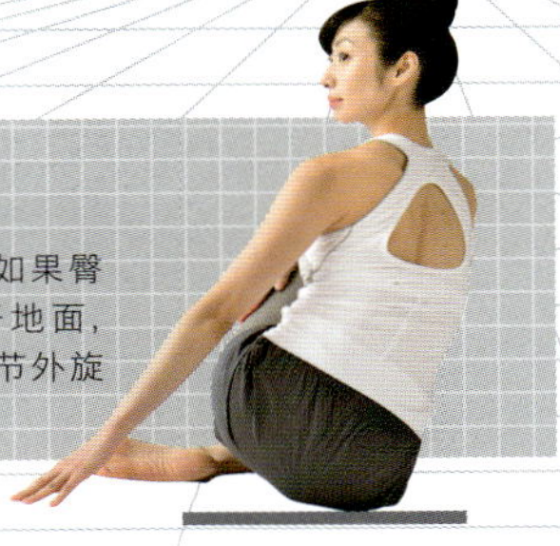

膝盖疼痛也能完成

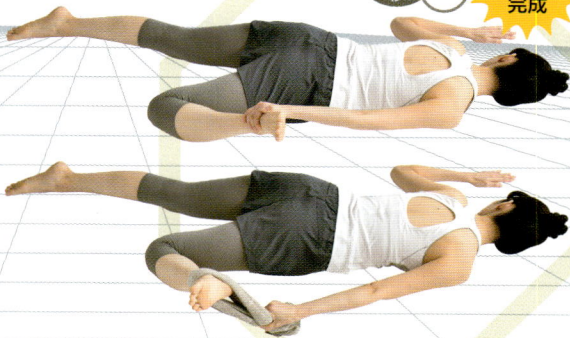

预备动作

坐在椅子边缘。

跨过膝盖

一条腿跨过另一条腿，将脚放在膝盖外侧的椅面上。

1

髋关节一带拉伸
变化动作

保持该姿势
30
秒 左右

膝盖疼痛也能完成

俯卧在地，抓住脚踝

摆好俯卧姿势，一条腿屈膝，然后将该腿的脚踝朝臀部侧面拉近。同侧手臂抓住脚背，或是抓住勾在脚背上的毛巾。然后一边吐气，一边把脚压向地面，并保持该姿势。

上半身向后扭转

背部挺直，一边吐气，一边向后方（跨立那条腿的后方）扭转上半身。把腿朝胸口方向拉近，同时视线也随之向后移动，并保持该姿势。

保持
该姿势
30
秒 左右

2

扭转
twist

hard 　**强化拉伸**

双手把腿朝胸口方向拉近

从第93页的动作开始，双手抱住跨立的膝盖，将其朝胸口方向拉近。这样就可以获得更强的拉伸感。

保持
该姿势
30
秒 左右

扭转
twist

同伴协助拉伸

partners stretch

练习者的一条腿伸直，同伴按住该腿不动；另一条腿屈膝，同伴将该腿小腿朝外侧向下压。

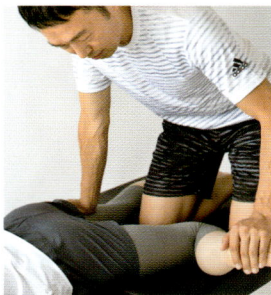

大腿根部拉伸

目标区域
髂腰肌

　　髂腰肌是连接骨盆、股骨和腰椎的肌群，做抬脚动作时发挥作用。髂腰肌僵硬会导致骨盆前倾，长此以往，就会引发驼背问题。随着年龄增长，该部位会容易变僵硬。

预备动作

站在床或长凳旁边，提前在身体后方放几个靠枕。

脚背放到靠枕上

一条腿的脚背压着靠枕，单手撑在床上。

1

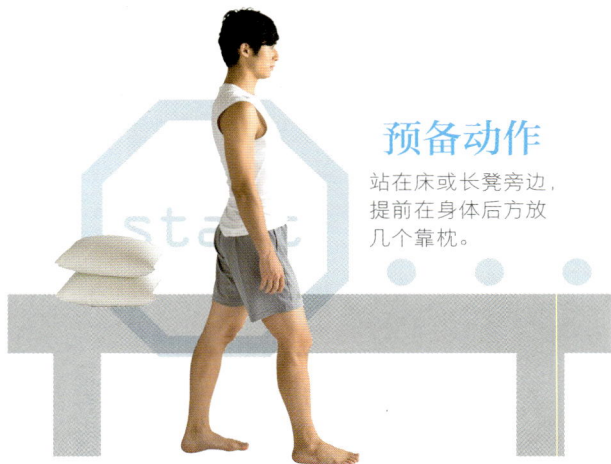

常规拉伸方式

双脚一前一后分开站立，然后下沉腰部。

错误案例

过度反拱腰部

想要下沉腰部，反而让腰部过度反拱，不仅会影响拉伸效果，还会增加腰部的负担。

大髋根部拉伸
变化动作

前方视角

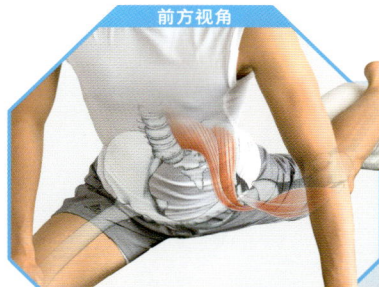

manipulate
自重
body weight

保持
该姿势
30
秒　左右

要点

脚背放在靠垫上，导致腿和床（长凳）空出距离，所以要轻轻屈膝。

2

腰部完全下沉

一边吐气，一边尽量下沉腰部，并保持该姿势。拉伸时手可以扶住床边，以保持身体平衡。

膝盖 疼痛也能 **完成**

预备动作

在墙壁旁边直立。

start

大腿根部 拉伸 变化动作

1

墙壁一侧的腿 向前迈出一大步

靠近墙壁的这条腿向前迈出一大步。

hard **强化拉伸**

在地板上做伸展，增强拉伸感

双脚前后分开站立（尽量拉开距离），后方那条腿的小腿放到靠枕上。后方那条腿同侧的手臂在头顶上方伸直，另一只手叉腰。一边吐气，上半身一边朝叉腰的手那侧扭转，然后保持该姿势。

扭转 *twist*

自重 *manipulate body weight*

保持该姿势 **30** 秒 左右

2 上半身朝墙壁侧屈

双手于头顶上方伸直，慢慢吐气的同时，上半身朝墙壁方向侧屈。双手掌心分别在上下两个方向撑住墙面，然后保持该姿势。

保持该姿势
30 秒 左右

扭转
twist

easy 简易拉伸

拉伸时单手扶墙

站在墙壁旁，靠近墙壁的这只手扶住墙面，另一只手放在同侧臀部上。双脚前后分开站立（尽量大幅度分开），腰部随前脚膝盖向前探出，然后保持该姿势。

保持该姿势
30 秒 左右

manipulate
自重
body weight

同伴协助拉伸
partners stretch

练习者单腿膝盖弯曲，同伴用一只手将这条腿向上抬起，另一只手按住练习者同侧臀部以固定。

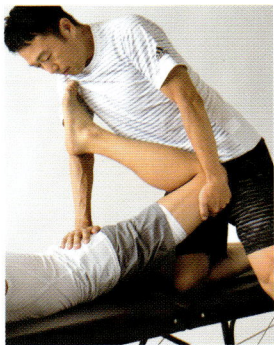

"180°劈叉" 可能会导致关节不稳定

"希望可以做到180°劈叉。"这种期望主要来自女性练习者。虽说身体柔软度越高，就会越发舒适，但要做到"180°劈叉"的程度，反而有可能导致身体过度柔韧。

芭蕾舞演员和艺术体操选手可谓身体柔韧性极佳的代表，他们的关节活动范围确实非常广。可是，光靠这一点也无法带来唯美的表演。拥有这样的活动范围，他们的肌肉可以适应肢体快速移动。再加上每日的练习、训练，提升并保持关节稳定性，最终才能展现出那样充满美感的动作和姿态。

假设完全没有运动习惯的人通过经常拉伸髋关节附近的肌肉，成功做到了任意方向的180°劈叉，那么之后，此人光是站着、走路，他的髋关节都有可能变得摇摇晃晃。每当做出动作时，就会给干瘪的肌肉和容易拉伸的韧带带来过量负荷，最糟糕的结果便是韧带断裂，肌腱、骨头、软骨损伤。

人体髋关节可以打开的标准角度是前后140°及左右90°，此构造本身就不适合做180°劈叉。如果仅仅是想达成"做180°劈叉"的愿望，这么做也只是在形式上模仿，并不能像芭蕾舞演员和体操运动员那样给人带来美丽、健康的印象。

即便是专业田径选手，也有很多人做不到180°劈叉。从这一点就能看出，不同竞技项目所要求的活动范围不一样。根据个人生活和工作所需，维持必要的柔软度才是最重要的。

第 **6** 章

大腿

大腿的拉伸

**大腿支撑着膝盖，是下半身的关键部位，
应多留意容易僵硬的后侧！**

容易疲劳的股四头肌和
极易僵硬的腘绳肌（特别是对日本人来说），
两者是降低生活质量的元凶之一，
推荐优先拉伸。

大腿除了辅助髋关节活动和稳定骨盆之外，还能在各种损伤和危险中保护膝盖。而这些功能靠的就是大腿上附着面积较大的肌肉。

股四头肌（股直肌、股中间肌、股外侧肌、股内侧肌）的面积较大，同时也容易产生疲劳感。对于因工作时常久坐的人群，以及喜欢散步或跑步的人群，推荐积极地拉伸股四头肌。大腿后侧的腘绳肌（股二头肌、半腱肌、半膜肌）也十分容易僵硬。当股四头肌的力量略微大于腘绳肌时，大腿前后肌肉就会处于比较平衡的状态。不过，大部分日本人经常使用大腿前侧，股四头肌力量比其他肌肉强很多，这就导致了腘绳肌力量较弱、极易僵硬，结果容易引发肌肉拉伤和撕裂。比如，在想快速行走，大幅度抬腿的一瞬间，或在亲子运动会上突然跑起来的瞬间等，类似这样的时刻是最容易引发大腿后侧肌肉撕裂的。

O形腿容易给阔筋膜张肌造成负担，而X形腿则对大腿内收肌群（大收肌、长收肌、短收肌、股薄肌、耻骨肌）造成不良影响。阔筋膜张肌被过度使用、僵硬之后，则容易引发髂胫束综合征，这在田径运动员中尤为常见。加之这几个部位的肌肉用常规方法难以充分拉伸，因此我指导的很多田径运动员都会借助弹力带来拉伸。

目标
股四头肌

目标
腘绳肌

目标
大腿内收肌群

目标
阔筋膜张肌

大腿前侧拉伸 ①

股四头肌

股四头肌是位于大腿前侧，面积较大的肌肉群，容易产生疲劳感。拉伸诀窍就是弯曲膝盖，让髋关节充分伸展。在本节中，改变屈膝角度，从3个方向去拉伸，可以更大范围地拉伸股四头肌。

预备动作

在墙壁旁边直立。

1

掌心撑住墙面

为防止单腿站立导致重心不稳，可用靠近墙壁的那只手撑住墙面。

常规拉伸方式

抓稳脚背，把脚跟朝臀部方向拉近。

要点

握住脚尖，比握住脚踝更能获得拉伸感。

大腿前侧拉伸
变化动作

2

将脚跟拉向臀部

用另一只手握住同侧脚尖，使其朝上。一边吐气，一边把脚跟朝臀部拉近，然后保持该姿势。通过改变脚和膝盖的位置，分别从3个方向拉伸。

错误案例

髋关节没有伸展开

握住脚尖时，如果同侧髋关节没有充分伸展，就无法拉伸股四头肌。

背面视角

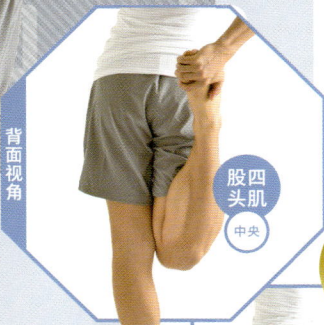

股四头肌
中央

保持该姿势
30秒

左右
3个方向

扭转
twist

朝3个方向拉伸

股四头肌
外侧

股四头肌
内侧

握住脚尖朝身体外侧拉伸，可以有效拉伸股四头肌外侧。

握住脚尖朝身体内侧拉近，可以有效拉伸股四头肌内侧。

简易拉伸

start

预备动作

背对墙壁，双膝跪地。

踏出一条腿

一条腿向前踏出，膝盖成直角弯曲。

1

大腿前侧
拉伸❶
变化动作

强化拉伸

抓住脚背，增强拉伸感

从步骤3（参见第107页）开始，用同侧手臂抓住靠墙脚的脚背。脚尖朝上，把脚跟向身体拉近，然后保持该姿势。

保持该姿势 **30** 秒

左右 3个方向

朝3个方向拉伸

股四头肌
内侧

股四头肌
外侧

扭转
twist

接下来，分别朝臀部内侧和外侧拉伸，然后保持该姿势。

背面视角

股四头肌
中央

保持该姿势 **30** 秒　左右　3个方向

膝盖或腰部疼痛也能完成

用弹力带勾住脚背，手握住带子的另一端并将其搭在肩膀上，然后用力拉紧弹力带，并保持该姿势。改变脚尖朝向，分别从3个方向拉伸。

同伴协助拉伸
partners stretch

练习者俯卧在平面上，同伴双手按住其脚背，然后朝其臀部方向向下压，让脚跟尽量靠近臀部。

脚尖抵住墙壁
另一只脚踩着墙壁向上移动，然后用脚尖抵住墙面，保持身体稳定。

2

腰部前挺
单手（抵住墙壁那条腿的同侧手臂）扶着臀部，另一只手放到对侧大腿上。然后一边吐气，一边将腰部前挺，并保持该姿势。改变脚尖朝向，分别从3个方向拉伸。

3

manipulate **自重** body weight

保持该姿势 **30** 秒　左右　3个方向

107

大腿前侧拉伸②

股四头肌

股四头肌是位于大腿前侧，面积较大的肌肉群。拉伸诀窍就是弯曲膝盖，让髋关节充分伸展。在本节中，固定腿的位置，然后扭转腰部，可以使大腿前侧获得强烈的拉伸感。

预备动作

盘腿而坐。

常规拉伸方式

盘腿而坐，抓住一只脚的脚尖，然后尽量朝臀部拉近。

1

抓住脚背

一条腿朝外侧伸出，屈膝，同侧手抓住脚踝。

2

要点

整条腿固定在地板上，保持不动。

把脚拉向臀部

打开髋关节，将被握住的脚踝朝臀部后方拉近，固定在地板上。

正确 错误

大腿前侧拉伸
变化动作

正面视角

腰部尽量向前伸

扭转腰部时，一定要使其尽量向前探出。弓腰的情况下，身体无法扭转，股四头肌也得不到拉伸。

扭转
twist

3

fi sh

manipulate

自重
body weight

双手分别撑住地面和腰部

刚刚握住脚踝的那只手扶住腰部。另一只手在身体后方（越靠后越好）撑住地面。

保持
该姿势
30
秒 左右

4

腰部向前探出，扭转上半身

慢慢吐气，腰部向前探出。从扶腰的这一侧开始扭转上半身，肩部和胸部也一同旋转，视线随着上半身移动，然后保持该姿势。

腰
痛也能
完成

start

单腿屈膝

压着靠枕的那条腿弯
曲膝盖。

1

大腿下面放个靠枕

俯卧，在一条腿的大腿下方放个靠枕，
以制造高低差。

2

大腿前侧
拉伸❷
变化动作

扭转
twist

hard **强化拉伸**

旋转下半身

从步骤3（参见第111页）开始，
用对侧手臂抓住弯曲那条腿的
脚尖，把脚跟朝臀部拉伸。
此时下半身稍微扭
转也没关系，
找到能获得最
佳拉伸感的位置
即可。

保持
该姿势
30
秒 左右

**膝盖
或腰部
疼痛也能
完成**

保持
该姿势
30
秒 左右

久坐之后，一条腿的膝盖略微弯曲，对侧手臂在身体后方撑住地面，上半身稍稍后仰。此时要注意，膝盖不要过分弯曲，否则会受伤。

同伴协助拉伸
partners stretch

练习者俯卧，同伴抓住其一侧膝盖，弯曲膝盖的同时向上抬起大腿；紧接着握住脚背，将其压向臀部。整个过程中另一条腿保持固定不动。

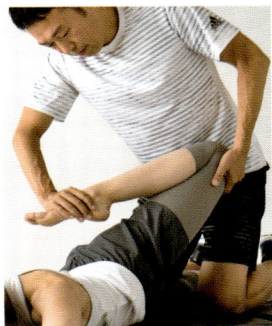

抓住脚踝，朝臀部拉近

同侧手臂抓住屈膝那条腿的脚踝，一边吐气，一边把脚跟朝臀部拉近，然后保持该姿势。

保持
该姿势
30
秒 左右

3

膝盖
疼痛也能
完成

预备动作

坐在椅子边缘。

1

单腿伸直，
脚跟触地

一条腿向前伸直，脚跟触地，脚尖朝上。膝盖微微弯曲。

大腿后侧
拉伸❶
变化动作

正面视角

腘绳肌

中央

朝3个方向拉伸

接下来，脚尖分别朝向内侧、外侧，然后保持该姿势。

easy **简易拉伸**

**借助毛巾，把脚
拉向身体**

仰卧并屈膝。双手握住毛巾两端，用毛巾勾住伸直那条腿的脚掌，接着把脚自身拉近。脚掌和大腿保持垂直，然后维持该姿势。

保持
该姿势
30
秒

左右
3个
方向

腘绳肌

内侧

腘绳肌

外侧

hard 强化拉伸

分别打开脚尖、脚跟，然后保持该姿势

面对椅子站直，一边吐气，一边前屈上半身，双手放到椅面上。双脚脚跟并拢，脚尖朝外打开，保持该姿势；然后双脚脚尖并拢，脚跟打开，保持该姿势。

保持该姿势 **30** 秒

同伴协助拉伸
partners stretch

练习者仰卧，同伴压住其一条大腿，另一条腿朝正上方伸直，然后同伴按住脚并朝其头部方向向下压。

2

上半身前屈

一边吐气，一边使肚脐朝大腿靠近。双手抓住伸直那条腿的脚，然后保持该姿势。改变脚尖方向，分别朝3个方向拉伸。

保持该姿势 **30** 秒　左右 3个方向

大腿后侧拉伸②

腘绳肌

腘绳肌是位于大腿后侧的肌肉，向后蹬腿时发挥作用。本节的动作将通过加大角度来重点拉伸附着在骨盆的肌肉。和大腿后侧拉伸①一样，拉伸时稍微放松膝盖，效果更佳。

预备动作

盘腿而坐，前面放一个泡沫轴或其他能制造高低差的物品。

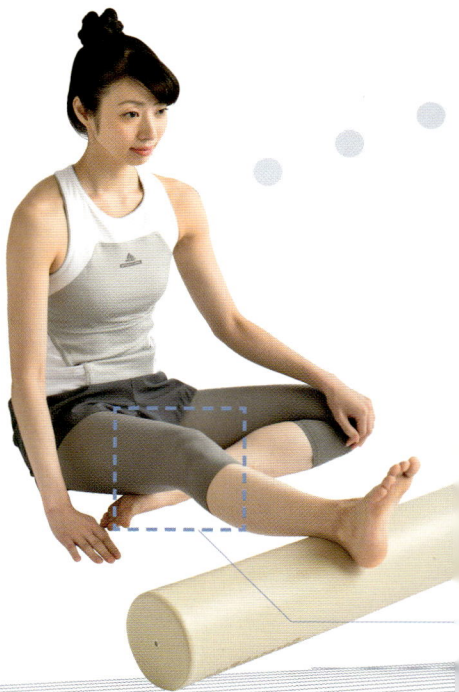

常规拉伸方式
坐在地上，上半身前屈。

1 一只脚放到泡沫轴上

一只脚向前伸直，将脚跟放到泡沫轴上。

要点

利用泡沫轴制造高低差，大腿根部能获得更加强烈的拉伸感。

大腿后侧拉伸
变化动作

2

manipulate
自重
body weight

脚尖朝3个方向拉伸，保持姿势

一边吐气，一边前屈上半身，让肚脐朝大腿靠近。脚尖朝向正上方，然后保持该姿势。改变脚尖朝向，分别从3个方向拉伸。

保持该姿势 **30** 秒

左右 **3个** 方向

朝3个方向拉伸

脚尖朝向外侧，并保持该姿势，此时拉伸的是腘绳肌外侧。

脚尖朝向内侧，并保持该姿势，此时拉伸的是腘绳肌内侧。

腘绳肌 外侧

腘绳肌 内侧

腘绳肌 中央

正面视角

错误

正确

膝盖保持稍微放松的状态

如果膝盖完全伸直，腘绳肌会因孪张反射而收缩。因此，在拉伸过程中，膝盖要保持稍微放松的状态。

大腿后侧拉伸❷
变化动作

强化拉伸②

双膝跪地，双腿前后分开，前屈上半身

双膝跪地，然后将其中一条腿向前伸，上半身前屈，双手撑住地面。慢慢吐气，臀部向后移，然后保持该姿势。

保持该姿势 **30** 秒 左右

自重
body weight
manipulate

hard **强化拉伸①**

预备动作

坐到椅子上。

保持该姿势 **30** 秒 左右

双手握脚，膝盖伸直

一条腿的膝盖向胸口靠近，双手握住脚掌，手指交握。一边吐气，一边把脚往上抬，然后保持该姿势。

膝盖
疼痛也能
完成

预备动作

坐在椅子边缘。

同伴协助拉伸
partners stretch

练习者将一条腿伸直，同伴抓
住其脚跟，并稳定其上半身，
防止其向后仰倒，然后把脚朝
上半身拉近。

1
一条腿向外打开

一条腿向外打开，脚跟
触地，脚尖上抬。

保持
该姿势
30
秒 左右

2
身体前屈，抓住脚尖

用伸直那条腿的同侧手臂
抓住该腿脚尖，然后保持
该姿势。如果从髋关节开
始无法顺利前屈，可以把
腿转为朝斜前方伸出。

大腿后侧拉伸③

目标区域
腘绳肌

腘绳肌是位于大腿后侧的肌肉，向后蹬腿时发挥作用。本节中乍一看都是差不多的动作，不过朝3个方向拉伸是其重要特征。要注意，姿势错误的话，目标肌肉就得不到拉伸。

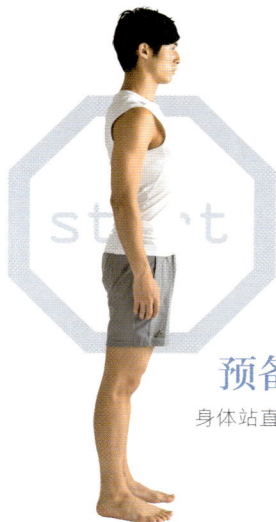

1 踏出一步，脚跟触地

一只脚向前踏出一步，脚跟触地，脚尖朝上。

预备动作
身体站直，双脚并拢。

要点
膝盖不要过度伸直，稍微放松即可。

常规拉伸方式
一条腿向前伸出，脚跟触地，腰部下沉。

错误案例

背部弯曲，拉伸感过强

一旦背部弯曲，肌肉的拉伸感过于强烈，就不是那么令人舒适。

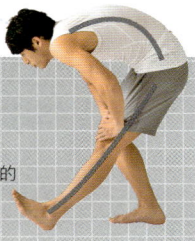

大腿后侧拉伸
变化动作

保持该姿势 30 秒　**左右 3 个方向**

2

臀部向后延伸，腰部下沉

手撑在向前伸出的大腿上，腰背挺直，一边吐气，一边下沉腰部，并把臀部向后延伸。脚尖朝向正上方，然后保持该姿势。之后改变脚尖方向，分别朝 3 个方向拉伸。

要点

拉伸过程中，背部要保持挺直，膝盖略微弯曲，身体慢慢下沉。

要点

保持姿势时，大腿根部要弯曲。

manipulate
自重
body weight

朝 3 个方向拉伸

扭转 *twist*

腘绳肌（内侧）

脚尖朝向内侧，然后保持该姿势。此时拉伸的是腘绳肌内侧。

腘绳肌（外侧）

脚尖朝向外侧，然后保持该姿势。此时拉伸的是腘绳肌外侧。

腘绳肌（中央）

正面视角

121

hard

强化拉伸①

2 双腿抬起，腰部压住靠枕

双腿向上抬起，把靠枕放到腰部下面。

1 仰卧，身旁放个靠枕

仰卧在地面上，屈膝，身旁放一个靠枕。

要点
把靠枕放在腰部下面。

大腿后侧拉伸❸
变化动作

背面视角

腘绳肌
中央

朝3个方向拉伸

easy **简易拉伸**

保持该姿势 **30** 秒

左右 **3**个 方向

扭转
twist

腘绳肌
外侧

将脚跟搭在椅子上
身体前方摆一把椅子，身体站直，抬起一条腿并将脚跟放到椅面上。脚尖分别朝正前方、外侧、内侧3个方向伸展，并保持该姿势。

【上图】脚尖朝外，保持该姿势。此时拉伸的是腘绳肌外侧。
【下图】脚尖朝内，保持该姿势。此时拉伸的是腘绳肌内侧。

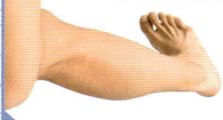

腘绳肌
内侧

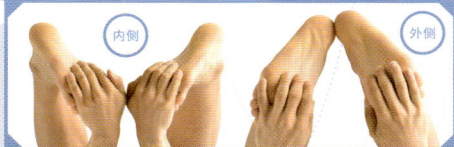

朝3个方向拉伸

内侧　外侧

握住脚尖，把脚朝自身拉近

双手握住脚尖，一边吐气，一边把脚朝自身拉近。脚尖分别朝正前方、外侧、内侧3个方向伸展，并保持该姿势。

3

保持该姿势
30秒
3个方向

朝3个方向拉伸

外侧　内侧

hard

强化拉伸②

用弹力带勾住脚掌

仰卧在地面上，一条腿抬起并向自身靠近，用弹力带勾住脚掌。双手抓住弹力带两端，继续向自身拉近。脚尖分别朝正前方、外侧、内侧3个方向拉伸，并保持该姿势。

保持该姿势
30秒
左右
3个方向

大腿内侧拉伸 ①

大腿内收肌群

大腿内收肌群是从骨盆到大腿内侧的肌肉群，做出并拢双脚、旋转腰部等动作时发挥作用。男性的大收肌更容易僵硬，进而导致膝盖疼痛。本节中，配合膝盖伸展进行的动作，可以拉伸整个大腿内收肌群。

预备动作

盘腿而坐，在身旁放一个泡沫轴或其他能制造高低差的物品。

1

常规拉伸方式

盘腿坐下，其中一条腿向侧面伸直，大腿尽量打开。

一条腿向侧面伸直，放到泡沫轴上

靠近泡沫轴的那条腿，大腿尽量打开，向侧面伸直，使小腿肚搭在泡沫轴上。

要点

原本脚尖是朝上的，此时脚尖转向前面的话，能更有效地拉伸大腿内收肌群。

大腿内侧拉伸
变化动作

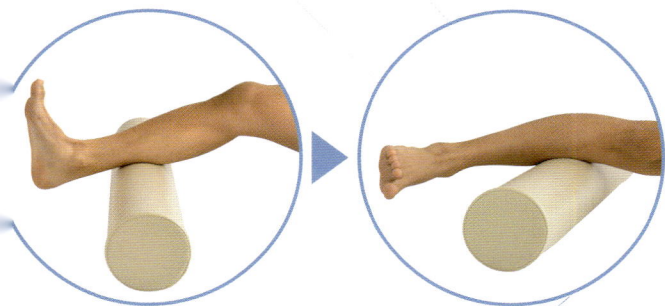

2

扭转
twist

要点

伸直那条腿的耻骨和坐骨可以稍微离地悬空。

扭转
twist

manipulate
自重
body weight

要点

泡沫轴往外滚1～2厘米，能获得更强的拉伸感。

保持该姿势 **30** 秒 左右

一边吐气，一边扭转上半身

一边吐气，一边扭转上半身（方向和伸直腿相反），然后保持该姿势。当大腿内侧朝地面向下压时，髋关节也会自然而然地回旋。

错误案例

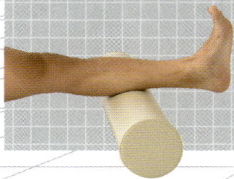

脚尖和膝盖保持向上

如果膝盖一直保持向上，上半身就无法扭转。

膝盖疼痛也能完成

预备动作
坐在椅子边缘。

大腿内侧拉伸❶
变化动作

一条腿向侧面伸直
一条腿慢慢伸直，同时髋关节向外打开。脚跟触地，脚尖朝上。

1

强化拉伸

弹力带辅助拉伸
仰卧，一条腿打开并向身体靠近，用弹力带勾住脚掌。单手握住弹力带两端，手臂用力拉紧，以此来拉伸大腿内收肌群。

保持该姿势 **30** 秒 左右

easy
简易拉伸①

单腿侧搭在椅子上，整条腿伸直
单腿侧搭在椅子上，脚尖朝前，保持该姿势。

保持该姿势 **30** 秒 左右

easy **简易拉伸②**

一条腿在体侧伸直

跪立撑地，一条腿向侧
面伸直，慢慢下沉身体，
然后保持该姿势。

保持该姿势 **30** 秒　左右

同伴协助拉伸
partners stretch

练习者仰卧，同伴按住其一侧
大腿，然后握住另一只脚，将
该脚朝身体外侧拉伸。

2

扭转 twist

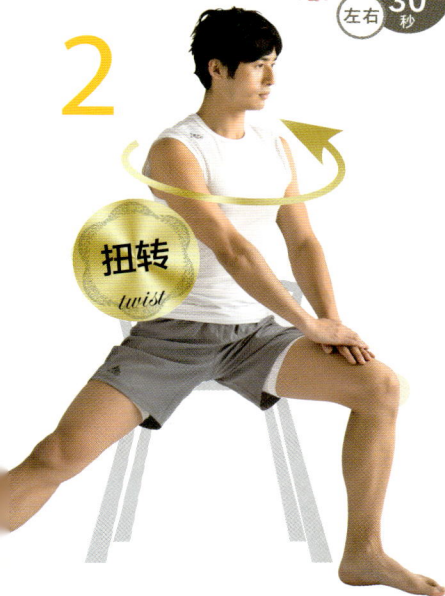

**朝伸直的腿的对侧
方向扭转上半身**

双手叠放在另一侧大腿上，然后朝
伸直的腿的对侧方向扭转上半身。

保持该姿势 **30** 秒　左右

3

manipulate **自重** body weight

**把体重施加在
髋关节上**

一边吐气，一边在扭转之后前屈上半
身，保持该姿势。此时，伸直的腿自
然地向身体内侧回转。

大腿内侧拉伸②

目标区域

大腿内收肌群

　　大腿内收肌群是从骨盆到大腿内侧的肌肉群，在做出并拢双脚、旋转腰部等动作时发挥作用。男性的大收肌更容易僵硬，进而导致膝盖疼痛。本节中，膝盖弯曲的姿势可以拉伸靠近耻骨的肌肉。

1 面对墙壁坐下，脚掌并拢

面对墙壁坐下，双脚脚掌并拢，脚尖轻轻抵住墙面。在臀部后半部分放置一个靠枕，以使骨盆恢复中立位。

start

常规拉伸方式
盘腿坐下脚掌并拢，身体前屈。

要点

很多人盘腿时会弯曲背部，造成骨盆后倾，在骨盆下方放置靠枕正是为了使其归位直立。

错误案例

腰部弯曲，骨盆后倾

做该动作时，如果骨盆向后倾倒且背部弯曲的话，就无法拉伸到大腿内收肌群。

大腿内侧拉伸
变化动作

错误案例

膝盖不断上下晃动

训练时经常看到这种情况，做动作时使用了肌肉反作用力，这时肌肉反而容易因过度拉伸而受伤。

保持该姿势 **30** 秒

manipulate
自重
body weight

2

双手撑住墙面，上半身前屈

双手撑住墙面，一边吐气，一边从腰部以上前屈，保持该姿势。

大腿内侧拉伸❷

变化动作

预备动作

仰卧在床边缘处。

膝盖疼痛也能完成

1 逐步打开髋关节

靠近床边的那条腿屈膝，以慢慢打开髋关节。

腰痛也能完成

仰躺在平面上，双脚脚掌并拢

仰卧，脚掌并拢，然后把靠枕放在脚下以制造高低差，并保持该姿势。

保持该姿势 **30** 秒

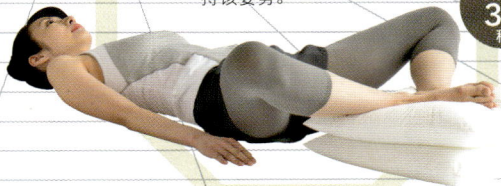

同伴协助拉伸
partners stretch

练习者仰卧，脚掌并拢，然后把双脚放到同伴的大腿上。同伴压住练习者的膝盖内侧，接着把膝盖朝外侧轻轻打开。

保持该姿势 **30** 秒

自重 *manipulate* *body weight*

easy　简易拉伸

四肢撑地，膝盖向外打开

四肢撑地，双膝相互交替朝外打开。等感受到适当的拉伸感之后，稍微把体重施加到膝盖上，并保持该姿势。

2　膝盖从床边下落

一只手放到弯曲的这条腿上，膝盖向床边自然下落，一边感受手和脚的重量，一边保持该姿势。

自重 *manipulate* *body weight*

保持该姿势 **30** 秒 左右

大腿外侧拉伸

阔筋膜张肌

阔筋膜张肌位于大腿外侧，影响髋关节和膝盖的稳定，以及脚向前迈出的动作。假如时常对大腿外侧肌肉施加重量，阔筋膜张肌就会因疲劳而容易僵硬。此时若是疏于松解，容易引发在田径运动员中常见的髂胫束综合征。

预备动作

身体直立，身旁放一把椅子。

单手放到椅面上

双腿屈膝下蹲，靠近椅子的那只手放到椅面上。

常规拉伸方式
侧躺在地面上，一手撑起上半身，上方的腿屈膝跨立。

1

easy **简易拉伸**

双手撑住椅子，腰部完全下沉

单手撑不稳时，可以靠近椅子，用双手撑住椅面。

保持该姿势 **30**秒 左右

自重

manipulate
body weight

腰部完全下沉，挺起上半身

一边吐气，一边加深屈膝，腰部完全下沉，然后挺起上半身，并保持该姿势。

3

错误案例

双脚前后跨度过宽

从侧面视角来看，前后脚之间的距离越窄，就越有利于拉伸效果。

保持该姿势 **30**秒 左右

大腿外侧拉伸
变化动作

侧面视角

2

单腿朝反方向伸展

靠近椅子的这条腿从另一条腿后方穿过，向身体另一侧伸展。

膝盖或肩膀疼痛也能完成

预备动作

在床边或找个其他有一定高度的地方侧卧。

双腿屈膝

双腿屈膝，双手放在床上，以确保做动作时身体不会摇晃。

1

大腿外侧拉伸
变化动作

hard 强化拉伸①

双手撑住墙面，双脚交叉站立

站在墙壁旁边，靠近墙壁这只手的手掌扶住墙面。另一只手从头顶穿过，同样扶住墙面。远离墙壁的这条腿从另一条腿后方穿过，朝墙壁方向伸展。当后方的腿或弯曲的身侧有拉伸感之后，保持该姿势即可。

保持该姿势 **30** 秒左右

简易拉伸
easy

全身成弓形弯曲
俯卧，单手向头部上方伸直，另一只手放到下巴下方。然后全身弯曲成弓形（伸直的手臂一侧），并保持该姿势。

保持该姿势 **30** 秒 左右

同伴协助拉伸
partners stretch

练习者仰卧，双腿伸直，一条腿跨过另一条腿之后屈膝。同伴向内侧按压其屈膝的腿。

上方腿从床边垂下
位于身体上方这条腿朝身后伸直，膝盖以下部位向床边自然落下。一边感受腿部重量，一边保持该姿势。

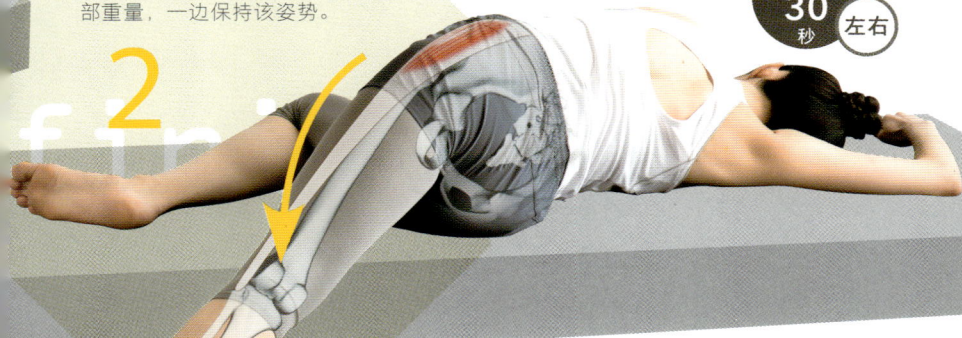

保持该姿势 **30** 秒 左右

2

manipulate 自重 body weight

强化拉伸②
hard

使用弹力带，把脚朝反方向拉伸
仰卧，一条腿伸直，用弹力带勾住脚掌。一边保持腿伸直，一边朝身体内侧向下压，并收紧弹力带。

保持该姿势 **30** 秒 左右

专栏 **4**

运动前后的拉伸

本书介绍了很多静态拉伸动作，但并不推荐大家在运动前仔细地做这些动作。最适合当作热身运动的，还是动态拉伸（参见第8章）、散步和慢跑。

其原因就在于，这类运动在提升肌肉表现力的同时，不会对肌肉造成损伤。人体在静处状态下，只会向肌肉提供约15%的血液；而在运动时，需要足够多的血液才能同时运转大量肌肉。所以，要依靠动态拉伸来促进血液循环，不断向肌肉提供营养素和氧气，这不仅能使肌肉和关节的动作更加顺畅，还能调整心肺功能，提升运动表现。

运动过后，为缓解在反复运动之后成收缩状态的肌肉，这时就该做静态拉伸了，用其重点拉伸运动时常用到的肌肉。研究结果表明，训练后的拉伸有助于肌细胞自我修复，这就是"时常在训练后做拉伸的田径运动员不容易受伤"的原因之一。

不过，在参加全程马拉松或高强度训练等会给身体带来巨大负荷的运动之后，不要立刻做静态拉伸。否则，肌纤维会因过度拉伸而受到极大损伤，此时一旦强行拉伸，易导致损伤加重，反而使得疲劳恢复速度减慢。在高强度的运动之后，最好是先用冰块降温，抑制炎症和疼痛。一两天后，等炎症和疼痛逐步消解再进行拉伸。

第 7 章

小腿肚、小腿前侧、脚掌

小腿肚、小腿前侧、脚掌的拉伸

拉伸容易被过度使用的细长的肌肉群，
有助于改善慢性疲劳和浮肿。

下肢支撑着身体重量，
不知不觉中因被过度使用而容易变得僵硬。
走路、跑步较多的时候，
请务必多拉伸、松解下肢肌肉。

从全身来看，下肢肌肉都是相对较小的肌肉群。但下肢支撑着全身重量，可以说是人体中默默努力的无名英雄。由于时常保持高度紧张状态，因此勤勉的拉伸松解必不可少。

很多人的小腿肚都能感觉到紧张、疲劳，尤其是女性，因为容易浮肿，想必会更加在意小腿肚的情况。不过，经常有人会抱怨这一部位"就算拉伸完了也不舒服，还是感觉很累"，原因之一就在于小腿肚的腓肠肌和比目鱼肌都需要拉伸到，但两者通常尚未被充分拉伸，拉伸就结束了。本书针对这两个部位，分别提供了最有效的拉伸方法。

小腿前侧的胫骨前肌变僵硬之后，脚尖很难翘起，平日里就容易跌倒、绊倒。如果小腿肚也变得僵硬，胫骨前肌就会越发紧张，疲劳更容易积聚。尤其是有跑步或散步爱好的人，以及肌肉力量较弱的老年人，这两类人群请务必多多松解腓肠肌、比目鱼肌、胫骨前肌。

经常走路或跑步的人群、足弓位置较高的人群自不必说，还有时常穿高跟鞋、尺码较小的鞋、露趾穆勒鞋或拖鞋的人群，这几类人群的足底肌群非常容易僵硬。拉伸足底肌群可以预防外翻等病症，缓解疼痛，因此请务必养成拉伸习惯。

目标
胫骨前肌

目标
腓肠肌
比目鱼肌

目标
足底肌群

小腿肚拉伸 ①

腓肠肌

腓肠肌是位于小腿肚的浅层肌肉。在做屈膝、脚后蹬等动作时，会用到这块肌肉。拉伸关键在于如何伸出膝盖，以及如何拉伸分布其内外两侧的肌肉。

预备动作

面对墙壁站直。

常规拉伸方式
双腿前后大幅度分开，重心转移到前面那条腿上。

1 单腿向后伸直

脚尖保持朝前，一条腿向后伸直。

错误案例

脚跟翘起，腰部弯曲

膝盖弯曲、后脚脚跟翘起或是弯腰的情况，只要出现其中一种，都无法充分拉伸腓肠肌。

小腿肚拉伸
变化动作

背面视角

腓肠肌
中央

朝3个方向拉伸

腓肠肌
外侧

脚尖朝向身体内侧，保持该姿势。此时拉伸的是腓肠肌外侧。

扭转
twist

腓肠肌
内侧

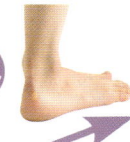

脚尖朝向身体外侧，保持该姿势。此时拉伸的是腓肠肌内侧。

自重
manipulate
body weight

保持该姿势 **30** 秒

左右 **3**个方向

2

脚跟着地，保持姿势

双手撑住墙面，后脚脚跟踩实地面。身体稍微前倾，仿佛在推墙一样，然后保持姿势。改变后脚脚尖朝向，分别从3个方向拉伸。

要点
膝盖充分伸直，这样一来，腓肠肌更容易获得较强的拉伸感。

141

强化拉伸①

双手撑地，手掌向前行进

双手撑住地面，腰部高高上扬。然后手掌慢慢向前移动，一直前进到整条腿后侧都有拉伸感为止。

预备动作

双膝跪地，身体直立。

1

小腿肚拉伸❶
变化动作

腓肠肌　背面视角

中央

扭转
twist

腓肠肌
内侧

腓肠肌
外侧

【左图】脚尖向外，保持姿势。此时拉伸的是腓肠肌内侧。
【右图】脚尖向内，保持姿势。此时拉伸的是腓肠肌外侧。

放大特写

要点

脚尖朝上时，膝盖后方也要保持伸直。

保持该姿势 **30** 秒　左右

简易拉伸

脚尖朝上抬起，保持姿势

站姿状态下，单脚脚尖向上抬起，脚下可以放一本辞典或电话簿，脚跟触地，然后保持该姿势。

同伴协助拉伸
partners stretch

练习者仰卧，同伴抓住其脚跟，保持膝盖伸直，然后朝斜上方抬起。到达最有拉伸感的位置之后，再弯曲脚踝以加深拉伸，并保持该姿势。

放大特写

要点
脚掌和地面平行，保持该姿势30秒之后，用弹力带将其朝左右两侧拉动，再分别保持该姿势。

保持该姿势 **30**秒　左右　**3**个方向

借助弹力带，使脚掌朝3个方向拉伸
仰卧，双腿屈膝，其中一条腿抬起并在脚掌挂上弹力带。膝盖伸直后，把弹力带拉向胸前，然后分别从3个方向保持姿势。

hard　**强化拉伸②**

落地脚的脚尖朝3个方向拉伸

一条腿抬高，另一条腿（踩着地面）的膝盖伸直，脚尖朝前，保持该姿势。然后改变脚尖方向，朝3个方向拉伸。

2

保持该姿势 **30**秒　左右　**3**个方向

小腿肚
拉伸②

目标区域
比目鱼肌

比目鱼肌是位于小腿后侧、被腓肠肌覆盖的肌肉,影响脚踝伸直的动作。当脚踝做背屈动作时,该部位可以感受到强烈拉伸。

预备动作
正坐姿势。

常规拉伸方式
双脚前后略微分开站立,双膝轻轻弯曲。

单腿屈膝直立

一条腿屈膝,注意保持腰部和背部挺直,脚掌贴紧地面。

错误案例

脚跟翘起

一旦脚跟翘起，就无
法拉伸到比目鱼肌。

2 身体前屈，挤压大腿

一边吐气，一边前屈上半身，用前胸
去挤压大腿，然后保持该姿势。双手
放在体前。

manipulate
自重
body weight

保持
该姿势
30
秒 左右

要点

整个脚掌（包括脚跟）
贴紧地面，这样可以获
得较强的拉伸感。

145

hard **强化拉伸**

脚趾踩在椅面上

抬起一只脚，将脚趾放到椅面边缘。双手扶住椅背，稳定姿势。

1

预备动作
身体直立，面前放一把椅子。

小腿肚
拉伸❷
变化动作

要点
从脚趾尖到脚趾根部都踩实椅面。

easy **简易拉伸**

拉伸时膝盖保持直立

身体僵硬的人可以不像第147页的步骤2那样弯曲膝盖，而只给撑在椅面上的那条腿加上轻微体重，就能充分拉伸目标肌肉。脚尖分别朝3个方向拉伸，并保持该姿势。

保持该姿势 **30** 秒　左右 **3**个方向

保持该姿势 **30** 秒　左右　**3**个方向

膝盖或腰部疼痛也能完成

脚趾下方放一本辞典或者电话簿，双腿微微屈膝，脚尖分别朝3个方向拉伸（和下图步骤2相同），保持该姿势。

练习者俯卧，同伴一手抓紧其脚跟，并用另一侧手肘按压脚掌，以使脚踝弯曲。

膝盖弯曲，脚跟下沉

吐气的同时屈膝，慢慢把重心转移到踩着椅子的那条腿上。然后脚尖朝3个方向拉伸，分别保持该姿势。

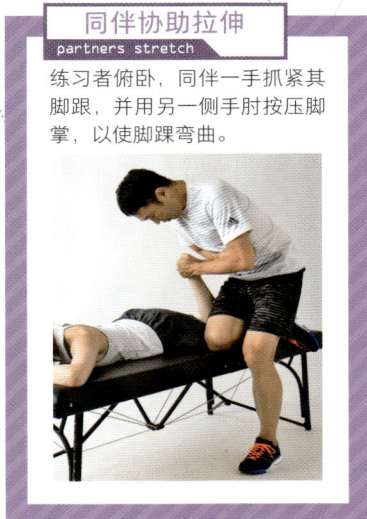

manipulate
自重
body weight

2

保持该姿势 **30** 秒　左右　**3**个方向

斜后方视角

比目鱼肌 中央

比目鱼肌 外侧

比目鱼肌 内侧

脚尖分别朝正前方、内侧45°、外侧45°这3个方向伸展，再保持该姿势。如此一来，整块比目鱼肌都能得到充分拉伸。

朝3个方向拉伸

147

小腿前侧
拉伸

胫骨前肌

胫骨前肌是位于小腿前侧的肌肉，在做出脚前伸、脚尖上扬等动作时发挥作用。一旦胫骨前肌僵硬，运动损伤的风险就会增加，这在田径运动员中尤为明显。建议和腓肠肌、比目鱼肌一同勤勉地拉伸。

预备动作

正坐，体前放一个泡沫轴或其他有一定高度的物体。

保持
该姿势
30
秒

要点

脚背贴着地面，脚踝伸直，以充分拉伸小腿前侧，这样做能加强拉伸感。

manipulate
自重
body weight

**常规
拉伸方式**
一只脚的脚背触地，以此来拉伸脚踝。

上半身前倾，
拉伸小腿前侧

双腿的小腿前侧压在泡沫轴上，上半身前倾，保持该姿势。也可以用折叠的坐垫代替泡沫轴。

坐在椅子边缘，一条腿稍微向后移动，脚背触地，充分拉伸脚踝处，并保持该姿势。

保持该姿势 **30** 秒 左右

膝盖
疼痛也能完成

膝盖上抬，拉伸脚背

正坐，一只手扶住同侧膝盖，然后将其向上抬起。当脚踝有拉伸感时，保持该姿势。

保持该姿势 **30** 秒 左右

easy 简易拉伸②

保持该姿势 **30** 秒

降低高度

脚踝较为僵硬的人群，可以把泡沫轴换成坐垫，降低小腿前侧的高度后再进行拉伸。

同伴协助拉伸
partners stretch

练习者正坐，同伴支撑住其后背，然后将手绕到练习者身前，并把一侧膝盖向上抬起。

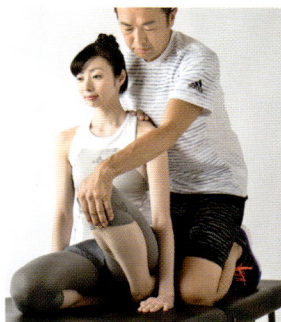

脚掌拉伸

目标区域
足底肌群

足底肌群是位于脚掌的肌肉群，当脚掌接触地面时就会用到该部位的肌肉。虽然它时常被忽略，但容易受到鞋子影响，因此希望大家经常拉伸松解。另外，建议时常走路的人、田径运动员、足弓高的人多多拉伸该部位。

自重
manipulate
body weight

预备动作
在地面上正坐。

脚尖弯曲，重心压到脚尖上

双脚脚趾抵住地面，臀部压着脚跟，重心转移到脚尖上。然后脚跟分别朝3个方向拉伸，保持该姿势。

保持该姿势 **30** 秒

3个方向

要点
脚趾充分屈曲，可以感受到脚掌整体都得到拉伸。

背面视角

足底肌群 中央

扭转 *twist*

常规拉伸方式
向后伸出一条腿，脚趾在地面上按压。

朝3个方向拉伸

足底肌群 内侧

足底肌群 外侧

双脚脚跟分别朝正上方、内侧、外侧3个方向拉伸，并保持该姿势。如此一来，可以拉伸整个脚掌。

easy 简易拉伸

放大特写

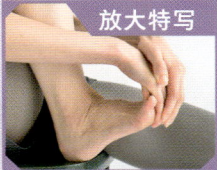

要点
用手辅助脚尖拉
伸，使其完全向
上弯曲。

用手辅助脚趾弯曲

坐在椅子上，一只脚放到座
椅上，脚跟撑住椅面。双手
抓住脚尖，一边吐气，一边
把脚尖朝身体方向拉近，然
后保持该姿势。

保持
该姿势
30
秒 左右

膝盖
疼痛也能
完成

坐在椅子上，一只脚稍
微向后伸，脚跟上抬。
然后将脚尖朝地面按
压，并保持该姿势。

保持
该姿势
30
秒 左右

hard 强化拉伸

背面视角

保持
该姿势
30
秒 左右
3个
方向

双脚分别从3个方向拉伸

从第150页的拉伸动作开始，一条腿抬高，保持
屈膝。然后分别从3个方向拉伸后脚，并保持该
姿势。施加在该脚上的重量越大，拉伸感越强。

同伴协助拉伸
partners stretch

同伴用一只手固定住练习者的
脚跟，另一只手按压脚尖。

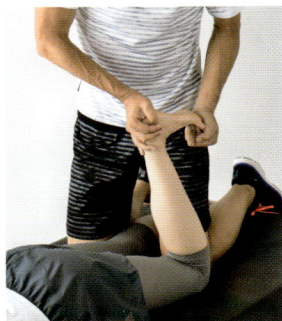

瑜伽和拉伸的区别

"瑜伽和拉伸哪个更好？"我时常听到这样把两者放在一起比较的问题。拉伸是一种调整身体状态的方法，而瑜伽更多的是帮助我们重塑身心。两者有着紧密交织的关系。

和拉伸不同，瑜伽要求练习者身体具备高度的柔韧性，否则就会有受伤的危险。在西方医学观点看来，某些瑜伽动作是"最好别做""要十分注意"的。比如，用头顶支撑全身的兔式和头倒立式等动作对脊柱造成的负担很大，做错一步就会损伤颈部和背部。

虽说如此，但也不能因此就对拉伸全盘肯定，而对瑜伽全盘否定。"瑜伽修行者可以根据自我意志控制身心，约束生在人世的行为。"（罗摩恰拉卡，1960）就像这位瑜伽士所说的，瑜伽是种精神修行。为了达到所追求的境地，需要不断重复练习那些要求注意力高度集中、难度较大的动作。

在我的过往经验里，做瑜伽而受伤的大部分人，是由于自身柔软性不够，却要勉强自己去完成那些对柔韧性要求较高的动作。尤其是在周围有镜子的情况下，看镜子一眼就知道自己做的动作不标准，很容易就因自卑和受排挤而偷偷练习过度。如果拉伸的部位有抖动感，这时就要放松身心。只要肌梭（参见第14页）发出"收缩"的命令，肌肉便不能再继续伸展，否则受伤风险极高。瑜伽的目的不是和他人的身体柔软度比个高下。请务必遵循自身情况，快乐地、没有伤痛地练习瑜伽。

第 **8** 章

动态拉伸

动态拉伸 ⑦ 髂腰肌、髋关节一带 20次 左右

一条腿屈膝上抬

俯卧，双臂与肩同高，然后朝两侧打开。手肘弯曲，手掌贴地。一条腿屈膝向上抬，小腿和地面垂直。

弯曲的腿朝反方向向下压

一边吐气，一边让抬起的那条腿越过另一条腿，向下压至接触地面。然后还原到步骤1的动作，另一条腿用同样方法再做一次。左右腿有规律地交替进行拉伸。腰痛人群做这个动作时千万不要勉强自己。

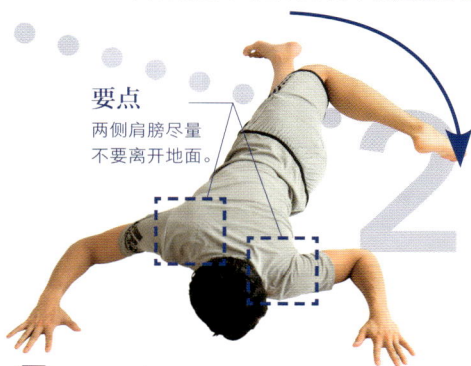

侧面视角

要点
两侧肩膀尽量不要离开地面。

动态拉伸 ⑧ 腘绳肌 20次 左右

双臂举起，拉伸后腿

先以立正姿势准备，一边吸气，一侧单腿向前迈出一步，同时双手向头顶上方举起。另一侧脚尖点地。

臀部下沉，放下手臂

一边吐气，一边使臀部向后坐向后伸展，上半身前屈，双手放到膝盖附近。当腿部后侧有拉伸感之后，反过来用另一条腿再做一次。有规律地反复进行该组动作。

要点
脚尖朝上翘起。

第 9 章

缓解身体伤痛的拉伸

缓解肩膀僵硬、酸痛

颈部附近肌肉僵硬

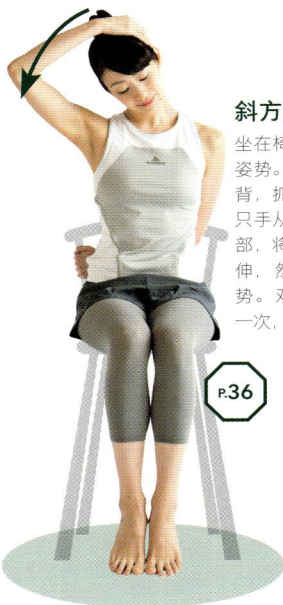

斜方肌上束

坐在椅子上，调整好姿势。一只手放到后背，抓住椅背。另一只手从反方向扶住头部，将头朝斜前方拉伸，然后保持该姿势。双手交换再拉伸一次，方法同理。

P.36

P.156

肩关节、肩胛骨②

四肢撑地，一只手下面放块瑜伽砖或其他有一定高度的物体，另一只手向斜前方伸直，然后手肘朝斜上方画一个半圆，接下来再向下画一个半圆回到斜前方，伸直手臂。双手交换再拉伸一次，方法同理。

P.155

肩关节、肩胛骨①

双手手指放到同侧肩膀上，抬起手肘，尽量大幅度地向外旋转和向内旋转。

斜方肌上束、颈椎周围

双手手指放到耳朵旁，吸气的同时手肘向两侧打开，挺胸收腹，头部向后扬起。然后一边吐气，一边把手肘收拢，还原到起始位置。

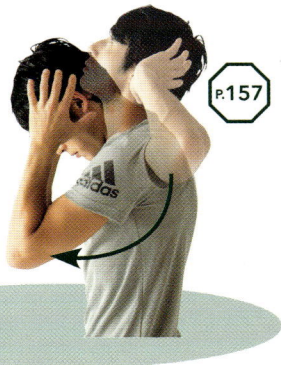

P.157

肩胛骨周围的肌肉对肩膀僵硬、酸痛的影响最大，
应针对僵硬的位置对症下药，选择松解斜方肌上束或中束。
动态拉伸和胸部拉伸动作组合使用，
不仅可以消除肌肉僵硬，还能预防相同情况再次出现。

背部肌肉僵硬

斜方肌中束

盘腿而坐，一只手手掌向外，抓住稳定的物体。一边吐气，一边弯曲背部，腰部尽量向后延伸，然后保持该姿势。自然地略微低头。双手交换再拉伸一次，方法同理。

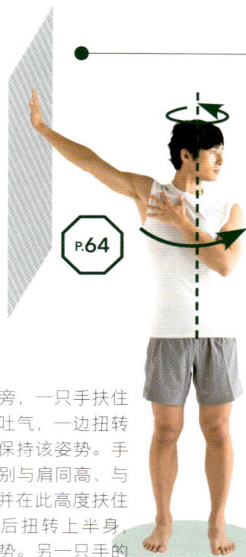

胸大肌

站在墙壁旁，一只手扶住墙。一边吐气，一边扭转上半身，保持该姿势。手臂高度分别与肩同高、与腰同高，并在此高度扶住墙面，然后扭转上半身，保持该姿势。另一只手的拉伸方法同理。

背阔肌

盘腿而坐，双臂伸到头部上方，单手握住另一只手的手腕。然后一边吐气，一边将握住的手向上拉，同时上半身朝斜前方侧屈。拉伸过程中坐骨两侧尽量贴紧地面，不要翘起，然后保持该姿势。另一侧的拉伸方法同理。

肩关节、肩胛骨①

双手手指放到同侧肩膀上，抬起手肘，尽量大幅度地向外和向内旋转。

体侧

双脚朝两侧大幅度打开，双臂抬到与肩同高，然后朝左右两边伸展开来。一边吐气，一边左右交替地侧屈上半身。

P.40　P.44　P.64　P.155　P.158

缓解腰部僵硬、酸痛

P.82

臀大肌

跪坐，上半身前倾，双手撑住地面。一条腿屈膝，小腿和肩膀保持平行。另一条腿向后伸直，然后一边吐气，一边尽量下沉腰部。另一条腿的拉伸方法同理。

P.86

臀大肌

盘腿而坐，一只脚略微向前，压在靠枕上。双手撑住地面，背部挺直，然后一边吐气，一边前屈上半身，并保持该姿势。另一条腿的拉伸方法同理。

P.92

髋关节外旋肌群

盘腿而坐，一条腿跨过另一条腿，落到膝盖外侧。背部挺直，一边吐气，一边把跨立那条腿的大腿朝胸前拉近，同时扭转上半身。眼睛自然地向后平视，保持该姿势。另一条腿的拉伸方法同理。

髂腰肌

站在床边或长凳旁边，将靠近床一侧的脚背放到靠枕上。单手或双手撑住床边，一边吐气，一边下沉腰部，然后保持姿势。

P.96

P.157

竖脊肌

四肢撑地，吸气的同时把背部向下拱，呈弓形；吐气的同时再收紧腹部，把背部尽量向上拱起。

臀部肌肉或竖脊肌等部位的柔软度不足，
就容易诱发腰痛问题。
另外，髂腰肌僵硬会导致骨盆前倾，
而梨状肌（髋关节外旋肌群）僵硬会导致坐骨神经痛，
这两个部位的拉伸十分关键。

适合体前屈有痛感的人群

腹直肌

P.68

俯卧在地面上，屈肘，手肘在肩膀正下方，把上半身撑起。吐气的同时收紧腹部，然后用鼻子吸气，鼓起腹部。

适合下拱身体有痛感的人群

竖脊肌

俯卧在平衡球上，球向前滚的同时用整个上半身压住球面。四肢撑住地面，姿势稳定之后放松腰部力量，再保持该姿势。

P.76

预防体态老化

胸大肌

站在墙壁旁，一只手扶住墙。一边吐气，一边扭转上半身，保持该姿势。手臂高度分别与肩同高、与腰同高，并在此高度扶住墙面，然后扭转上半身，保持该姿势。另一只手的拉伸方法同理。

P.64

P.96

髂腰肌

站在床边或长凳旁边，将靠近床一侧的脚背放到靠枕上。单手或双手撑住床边，一边吐气，一边下沉腰部，然后保持该姿势。

股四头肌

盘腿坐下，一条腿向外伸出。伸出的腿向臀部后方延伸，以打开髋关节。然后一边吐气，一边扭转上半身，保持该姿势。另一侧的拉伸方法同理。

P.104

股四头肌

一只手撑住墙面，另一只手抓住同侧脚尖。吐气的同时把脚跟分别往臀部中间、外侧、内侧拉近，并保持该姿势。另一条腿的拉伸方法同理。

P.108

步幅缩短和驼背是体态老化的代表特征。
若是体力下降、长时间坐着的情况增多，
那么对关系到膝盖和骨盆稳定性的大腿
以及髂腰肌都会造成极大影响，
因此请充分拉伸这些部位。

P.112

腘绳肌

坐在地面上，一条腿伸直，另一条腿伸到伸直那条腿的膝盖下方。骨盆摆正，一边吐气一边前屈上半身。伸直那条腿的脚尖分别朝正上方、内侧、外侧拉伸，并保持该姿势。另一条腿的拉伸方法同理。

大腿内收肌群

盘腿坐下，一条腿朝侧面伸出，把小腿放到泡沫轴等物体上。一边吐气，一边扭转上半身（朝弯曲那条腿的方向），保持该姿势。另一条腿的拉伸方法同理。

P.124

大腿内收肌群

面对墙壁坐下，双脚脚掌并拢，脚尖接触墙面。在臀部后半部分的下方放一个靠枕，帮助骨盆摆正。然后双手撑住墙面，吐气的同时上半身前倾，保持该姿势。

P.128

腓肠肌

面对墙壁站直，一条腿朝身后迈出一大步，小腿伸直。这时，脚尖分别朝正前方、内侧、外侧拉伸，并保持该姿势。另一条腿的拉伸方法同理。

P.140

P.144

比目鱼肌

正坐在地上，一条腿屈膝立起，脚掌踩实地面。然后一边吐气，一边前屈上半身。另一条腿的拉伸方法同理。

预防跑步
后的损伤

髋关节外旋肌群

P.92

盘腿而坐，一条腿跨过另一条腿，落到膝盖外侧。背部挺直，一边吐气，一边把上方那条腿的大腿朝自身拉近，同时扭转上半身。眼睛自然地向后平视，保持该姿势。另一条腿的拉伸方法同理。

阔筋膜张肌

P.132

单手撑在身旁的椅子上，靠近椅子的这条腿从身后穿过另一条腿，朝反方向伸直。一边吐气，一边屈膝，腰部完全下沉。另一条腿的拉伸方法同理。

P.90

胫骨前肌

正坐在地上，将小腿前侧压到身前的泡沫轴上，充分拉伸脚背到脚踝一带，保持该姿势。

P.148

足底肌群

正坐在地板上，脚尖点地，将重心转移到脚跟上，然后脚跟分别转向正上方、内侧、外侧，并保持该姿势。

P.150

臀中肌

仰卧，一条腿屈膝，跨过另一条腿。用对侧的手扶住屈起的膝盖外侧，膝盖以下部位在床边自然下落，保持该姿势。另一条腿的拉伸方法同理。

臀大肌

跪坐，上半身前倾，双手撑住地面。一条腿屈膝，小腿和肩膀保持平行。另一条腿向后伸直，然后一边吐气，一边尽量下沉腰部。另一条腿的拉伸方法同理。

P.86

P.96

髂腰肌

站在床边或长凳旁边，将靠近床的那条腿的脚背放到靠枕上。单手或双手撑住床边，一边吐气，一边下沉腰部，然后保持该姿势。

奔跑过程中，在脚掌着地时，膝盖受到的冲击力是体重的 2～3 倍。
与膝盖损伤有关的大腿肌肉、阔筋膜张肌，
以及走路和跑步时时常要用到的髋关节外旋肌群，
这些部位一旦被过度使用，便会引起足底筋膜炎的脚掌，
请务必好好保养上述部位。

股四头肌

一只手撑住墙面，另一只手抓住同侧脚尖。吐气的同时把脚跟分别朝臀部中间、外侧、内侧拉近，并保持该姿势。另一条腿的拉伸方法同理。

P.104

腘绳肌

坐在地面上，一条腿伸直，脚踝放到泡沫轴或其他物体上。膝盖略微弯曲，一边吐气一边前屈上半身。脚尖分别朝正上方、内侧、外侧拉伸，并保持该姿势。另一条腿的拉伸方法同理。

P.116

腓肠肌

面对墙壁站直，一条腿朝身后迈出一大步，小腿伸直。这时，脚尖分别朝正前方、内侧、外侧拉伸，并保持该姿势。另一条腿的拉伸方法同理。

P.140

大腿内收肌群

盘坐坐下，一条腿向侧面伸出，把小腿放到泡沫轴等物体上。一边吐气，一边扭转上半身（朝弯曲那条腿的方向），保持该姿势。另一条腿的拉伸方法同理。

P.124

大腿内收肌群

面对墙壁坐下，双脚脚掌并拢，脚尖接触墙面。在臀部后半部分的下方放一个靠枕，帮助骨盆摆正。然后双手撑住墙面，吐气的同时上半身前屈，保持该姿势。

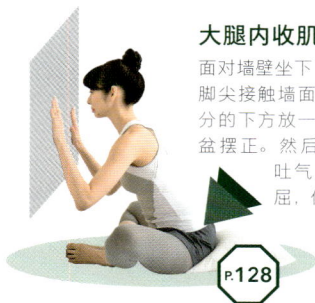

P.128

比目鱼肌

正坐在地上，一条腿屈膝，脚掌踩实地面。然后一边吐气，一边前屈上半身。另一条腿的拉伸方法同理。

P.144

169

缓解双脚浮肿

拉伸小腿前侧到脚踝一带的肌肉，能有效促进血液循环。
肌肉伸缩时产生的活塞作用可以推动体液循环，
腘绳肌的动态拉伸也有同样效果。
以伏案工作为主的人群，请务必在工作间隙养成拉伸的习惯。

腓肠肌

面对墙壁站直，一条腿朝身后迈出一大步，小腿伸直。这时，伸直腿脚尖分别朝向正前方、内侧、外侧，并保持该姿势。另一条腿的拉伸方法同理。

P.140

比目鱼肌

正坐在地上，一条腿屈膝，脚掌踩实地面。然后一边吐气，一边前屈上半身。另一条腿的拉伸方法同理。

P.144

腘绳肌

单腿向前跨出一步，同时双臂向上抬起。紧接着，一边吐气，一边把臀部向后坐，上半身前屈。然后有规律地反复拉伸。另一条腿的拉伸方法同理。

P.160

按目的类型索引

针对身体极度僵硬的人群的拉伸动作

斜方肌上束 **P.38**

肱桡肌 **P.58**

臀大肌 **P.84**

推荐优先拉伸

背阔肌 **P.46**

推荐优先拉伸

体侧、腹斜肌肌群 **P.75**

臀大肌 **P.89**

三角肌 **P.51**

竖脊肌 **P.77**

臀中肌 **P.91**

推荐优先拉伸

利用辅具进行拉伸　　利用床或其他物品制造高低差进行拉伸　　利用椅子进行拉伸

对自己的柔软度毫无信心……

本节列举了容易操作的拉伸动作，
适用于担心身体僵硬的人群。
腘绳肌或骨盆一带若是时常拉伸，
也有助于提升其他部位的柔软度，
因此建议大家优先拉伸这些部位。

腓肠肌 **P.142** 推荐优先拉伸

髂腰肌 **P.99** 推荐优先拉伸

腘绳肌 **P.122**

比目鱼肌 **P.146**

股四头肌 **P.104** 推荐优先拉伸

大腿内收肌群 **P.126** 推荐优先拉伸

胫骨前肌 **P.149**

腘绳肌 **P.114** 推荐优先拉伸

大腿内收肌群 **P.130**

足底肌群 **P.151**

利用墙壁进行拉伸

只有睡前才想做的动作！

躺着就能完成的拉伸动作

睡前的几分钟放松，
正是做拉伸运动的最佳时机。
以下列举的都是躺着就能完成的动作，
白天容易受高强度压力影响的颈部、
骨盆一带、大腿等部位都会在此时变得更为放松，
因此睡前的拉伸效果更佳。

斜方肌上束 **P.38**

竖脊肌 **P.77**

臀中肌 **P.91**

腹直肌 **P.68**

髋关节外旋肌群 **P.94**

臀中肌 **P.90**

利用辅具进行拉伸   利用床或其他物品制造高低差进行拉伸   利用椅子进行拉伸

股四头肌 **P.110**

腘绳肌 **P.123**

阔筋膜张肌 **P.134**

股四头肌 **P.110**

大腿内收肌群 **P.126**

阔筋膜张肌 **P.135**

阔筋膜张肌 **P.135**

腘绳肌 **P.114**

大腿内收肌群 **P.130**

大腿内收肌群 **P.130**

腓肠肌 **P.143**

腘绳肌 **P.122**

利用墙壁进行拉伸

想在工作间隙拉伸……

办公室里也能轻松完成的拉伸动作

髋关节一带、臀大肌、腘绳肌容易变僵硬，
以伏案工作为主的人群尤为多发。
只要挤出点时间来拉伸，
既能转换心情，还能缓解疼痛、僵硬等问题，
同时对改善体态也有助益。

斜方肌上束 P.36

斜方肌上束 P.38

斜方肌中束 P.42

斜方肌中束 P.43

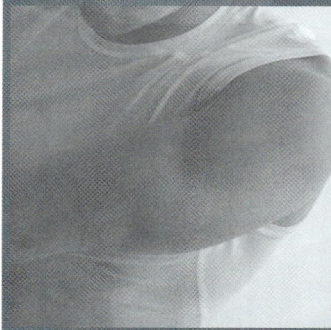

利用辅具进行拉伸　　利用床或其他物品制造高低差进行拉伸　　利用椅子进行拉伸

体侧、腹斜肌肌群 **P.74**

臀大肌 **P.88**

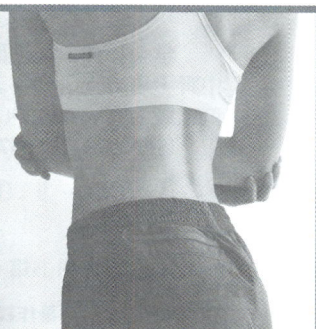

体侧、腹斜肌肌群 **P.75**

推荐优先拉伸

推荐优先拉伸

大腿内收肌群 **P.126**

髋关节外旋肌群 **P.94**

竖脊肌 **P.78**

腘绳肌 **P.114**

胫骨前肌 **P.149**

推荐优先拉伸

臀大肌 **P.85**

腘绳肌 **P.118**

足底肌群 **P.151**

利用墙壁进行拉伸